Steffi Knebel | Matz Kastning

111 Orte in Konstanz, die man gesehen haben muss

111

emons:

Bibliografische Information der Deutschen Nationalbibliothek
Die Deutsche Nationalbibliothek verzeichnet diese Publikation in der Deutschen Nationalbibliografie; detaillierte bibliografische Daten sind im Internet über http://dnb.d-nb.de abrufbar.

Gestaltung: Eva Kraskes, nach einem
Konzept von Lübbeke | Naumann | Thoben
Kartografie: altancicek.design, www.altancicek.de
Kartenbasisinformationen aus Openstreetmap,

Druck und Bindung: Himmer GmbH Druckerei & Verlag, Augsburg
Printed in Germany 2021
ISBN 978-3-7408-1207-2
Originalausgabe

Vorwort

Das Buch »111 Orte in Köln« war nicht nur unser erster Kontakt mit der Reihe, sondern auch der Startschuss für die von uns so getaufte »Kölsch-Kultur«. Die Idee, mit Freunden, denen am Sonntag auch nichts Besseres einfällt, als auf dem Sofa abzuhängen, loszuziehen und sich mal die eigene Stadt anzugucken, war geboren. Also, elf Orte rausgesucht, einen Tisch im Brauhaus reserviert und beim ersten Mal mit elf Leuten aufgebrochen. An den jeweiligen Orten angekommen, wird feierlich der Text aus dem Buch vorgetragen, und fast immer ist jemand dabei, der die Beteiligten an seinem Erfahrungsschatz (»Ich bin mir sicher, dass …«) teilhaben lässt. Die Institution hat sich über zehn Jahre gehalten und wird wiederauferstehen!

Dann durften wir für den Emons Verlag den Podcast »111 Orte, die man gehört haben muss« konzipieren und moderieren. Ein Traum! Bisher 20 Folgen lang konnten wir uns mit Buchautoren battlen und kennen uns jetzt mit tödlichen Pflanzen, New Yorker Krokodilen und Tabasco-Bädern aus! Außerdem konnten wir unseren Freundeskreis um ein paar wirklich nette Menschen erweitern. Dann sind wir größenwahnsinnig geworden, haben das Verlagsgebäude gestürmt und mit vorgehaltenem Mikrofon darauf aufmerksam gemacht, dass es in Konstanz noch keinen »111er« gibt. Das hat den Bankangestellten nicht wirklich interessiert, aber er hat uns sehr höflich ein Haus weitergeschickt, wo unser Anliegen auf offenere Ohren stieß, und jetzt ist es so weit: unser eigenes 111-Orte-Buch.

Zudem ist noch zu sagen, dass es aufgrund der besonderen geografischen Lage und der Geschichte der Stadt einige Orte ins Buch geschafft haben, die nicht direkt in Konstanz liegen, aber entweder prägend genug oder so stark mit Konstanz verbunden waren oder sind, dass sie unserer Meinung nach hier hingehören.

Also, viel Spaß und tolle Erlebnisse am Lake Constance!

PS: Wir haben uns in die Stadt verliebt und suchen ab sofort eine Bleibe hier. Vorschläge bitte an den Verlag.

111 Orte

kademie

1 Die 114er-Kapelle

Der gute Kamerad

Nicht nur das Konzil hat bis heute seine Spuren in Konstanz hinterlassen, auch das Militär hat die Stadt stark geprägt, angefangen bei den Römern, die auf dem heutigen Münsterplatz ein Kastell errichteten. Aber am meisten hat ein Infanterieregiment das Stadtbild beeinflusst. Anfang des 19. Jahrhunderts wurde aus dem ehemaligen Benediktinerkloster in Petershausen die Klosterkaserne, ein über die Region hinaus bedeutsames militärisches Zentrum. Vom Benediktinerplatz ausgehend hat sich Konstanz rechtsrheinisch ausgedehnt.

In der Folgezeit war das Militär in der Stadt omnipräsent und drückte auch der Gesellschaft seinen Stempel auf. Die Soldaten waren in den örtlichen Lokalitäten anzutreffen, kauften ein und bandelten hier und da auch mit den einheimischen Frauen an. Die Regimentskapelle erweiterte das Kulturangebot und setzte musikalische Höhepunkte mit ihren Sommerkonzerten im Stadtgarten. Rund 3.300 Mann waren in Friedenszeiten in der Kaserne stationiert.

1868 wurde das »6. Badische Infanterieregiment Nr. 114« hierherverlegt, das später noch den Zusatz »Friedrich III.« bekam. Eingesetzt wurde das Regiment, in dem auch Freiwillige aus der Schweiz kämpften, vornehmlich in Frankreich. 1919, nach Kriegsende, kehrten die letzten Soldaten, von der Bevölkerung bejubelt, nach Konstanz zurück. Dann war das »114er« nach über 50 Jahren Geschichte, aber das Militär blieb. Andere Einheiten zogen in die Kasernen, und weitere kamen hinzu.

Zum Gedenken an diejenigen unter ihnen, die in den Schützengräben und auf den Schlachtfeldern ihr Leben ließen, errichteten ihre Kameraden 1925 die Riesenberg- oder auch 114er-Kapelle. Im Inneren stehen, in Eichenholz eingraviert, die Namen aller 3.200 gefallenen Soldaten. Dazu gibt es ein Altarbild, auf dem ein Soldat unter dem Sternenhimmel vor einem brennenden Haus den Kopf eines toten Kameraden im Schoß hält.

Adresse Riesenberg, 78467 Konstanz; Beginn eines Wanderwegs in der Straße Am Pfeiferhölzle an einem Parkhaus | ÖPNV Bus 14, Haltestelle Pfeiferhölzle Wendeplatte | Öffnungszeiten Kapelle meist geschlossen, von außen ganzjährig zugänglich | Tipp Weitere Spuren des Militärs findet man mit der Kaiser-Friedrich-Büste am Sternenplatz sowie dem Gebäude der ehemaligen Benediktinerkaserne am gleichnamigen Platz.

2 Die Abortgässle

Von Eh- und Wuostgräben

Die im Mittelalter verbreitete Miasmentheorie ging davon aus, dass Krankheiten über die Luft mittels übler Gerüche übertragen werden. Da verwundert es wenig, dass die Stadtoberen im Laufe der Jahrhunderte immer wieder versucht haben, etwas gegen den Gestank in den heimischen Gassen zu unternehmen. So war es ab 1441 in Konstanz vorgeschrieben, dass man nach Einbruch der Dunkelheit »gar kainen schiß noch ander dergleichen unsuberkeiten und stinkendding uff die gassen schütten oder leeren soll«.

Nachts schien die Ansteckungsgefahr nicht so dramatisch zu sein, denn im selben Ratsbeschluss heißt es: »Aber in der nacht mag man den schiß uff die gassen schütten …«

Gut 100 Jahre später dachte man im Rat auch an die Menschen, die vom Schüttgut getroffen werden konnten. Ab da wurde nämlich der Hausbesitzer, aus dessen Haus jemand beschüttet wurde, bestraft. Geschüttet wurde dabei in die sogenannten Eh- oder Wuostgräben, schmale Gassen, die immer dann entstanden, wenn benachbarte Häuser keine gemeinsame Zwischenwand hatten, sondern eben durch diesen engen Zwischenraum getrennt waren. Die Rinnen wurden, auch gern mittels Aborterker, genutzt, um Abwässer und Unrat aller Art zu entsorgen. Sie hatten, um den Abtransport zu erleichtern, alle ein Gefälle in Richtung See, Rhein oder einer Latrine. Der Regen ersetzte dabei die in unseren Zeiten übliche Wasserspülung.

Heute sind aus den Ehgräben die Feuergassen geworden, deren Eingänge man in der Altstadt finden kann, wenn man nach den entsprechenden Schildern Ausschau hält. Einige sind noch öffentlich zugänglich, andere kann man im Rahmen einer Führung besichtigen. Es ist ein beeindruckendes Erlebnis, sich durch die teils sehr engen Gassen zu zwängen und die ehemaligen Aborterker von unten zu betrachten. Und keine Angst, die Gefahr einer »Beschüttung« von oben besteht nicht mehr.

Adresse verschiedene Orte in der Altstadt, 78462 Konstanz, www.konstanz-stadtfuehrung.de | **ÖPNV** Bus 1, 2, 3, 4/13, 5, 6, 9A, 9B, 12, 13/4, 14, 908, Haltestelle Bahnhof | **Öffnungszeiten** teilweise öffentlich zu besichtigen | **Tipp** Eine gute Sicht auf die Gassen und die mittelalterliche Dachlandschaft hat man vom Münsterturm aus.

3 Das Alien an der Brücke

Sie kommen in Frieden

In den meisten Filmen sind außerirdische Aliens nicht sonderlich gut auf die Menschen zu sprechen oder werden sofort von ihnen angegriffen. In der Realität waren sie offenbar bisher schlau genug, sich von unserem Sonnensystem fernzuhalten. Laut Douglas Adams' »Per Anhalter durch die Galaxis« ist die Erde »ein absolut unbedeutender, kleiner blaugrüner Planet, dessen vom Affen stammende Bioformen so erstaunlich primitiv sind, dass sie Digitaluhren immer noch für eine unwahrscheinlich tolle Erfindung halten«. Aber vielleicht sind ja doch schon ein paar wagemutige Teen-Aliens auf die Idee gekommen, als Mutprobe einen kleinen Abstecher zur Erde zu machen, oder sie waren einfach nur sehr gelangweilt. Wo sie schon mal da waren, haben sie natürlich auch, ihren irdischen Pendants nicht unähnlich, jede Gelegenheit genutzt, Unfug zu treiben und Zeichen zu hinterlassen. Erst Kornfelder, dann Reliefs an allen möglichen Orten auf der Welt: an einem Mauerende in Lima, einer Hauswand in Paris und unter der Alten Rheinbrücke in Konstanz!

Verlässt man diese auf der rechtsrheinischen Seite und begibt sich in die Unterführung – dabei bitte unbedingt den Fußgängerweg nehmen, die Radfahrer haben oft ein ordentliches Tempo drauf –, findet man ihr Ebenbild. Daneben kyrillische Buchstaben, die auf Ukrainisch besagen: »Wir kommen in Frieden.« Warum die Aliens in Konstanz versuchen, auf Ukrainisch zu kommunizieren, schreiben wir mal ihren schlechten Geografiekenntnissen zu, bei Aliens entschuldbar. Unterhalb stehen das Wort »Vanadium« und die Ziffer 194. Was heißt das für das Schicksal der Menschheit?

Die Antwort liegt in Charkow in der Ukraine. Dort lebt der Street-Art-Künstler und Bildhauer »Vanadium«, der das Alien erschaffen hat. Nach Konstanz kam es über einen begeisterten Kunden, der es 2018 hier anbrachte, und die 194 ist schlicht und ergreifend eine Seriennummer.

Adresse Seestraße (unter dem Sternenplatz), 78464 Konstanz | ÖPNV Bus 1, 2, 3, 4/13, 5, 6, 9A, 9B, 12, 13/4, 14, 908, Haltestelle Sternenplatz/Spanierstraße | Öffnungszeiten immer zugänglich | Tipp Direkt neben dem Alien sind Graffitis mit Motiven der Stadt Konstanz zu sehen. Einen Kaffee oder Sundowner gibt es in der Spanierstraße 5 – der »Rheinterrasse Konstanz«.

4 Das alte Pumpenhaus

Speisen am Wasserturm

»Hereinspaziert – einfach hereinspaziert. Wir stellen seit 1885 Zelte, besonders Zirkuszelte, aber auch Überdachungen, Planen und Markisen her. Kommen Sie rein und schauen Sie!«

Manege frei für L. Stromeyer & Co., die Firma, die das 150.000 Quadratmeter große Gelände am Seerhein gekauft hat. Nach der Eröffnung der Fabrikanlage auf dem Lohnerhof-Gelände war das Areal das »erste Dorf am deutschen Rhein« und wurde zu Ehren seines Direktors auch nach ihm benannt, nämlich Stromeyerdorf. Ein Vierteljahrhundert später kam es zu einer »spektakulären Feuernummer«, vielmehr einem Brand, bei dem große Teile zerstört wurden. Man engagierte den renommierten Industriearchitekten Philipp Jakob Manz, um zum Schutz vor weiteren Bränden den Wasserturm und das kleine Pumpenhaus zu konzipieren. Der 34 Meter hohe Jugendstil-Wasserturm diente als Wasserspeicher für die Bleich- und Imprägnierhallen und stellte die Löschwasserversorgung für die Zeltmanufaktur sicher.

Auch der kleinste »Artist« in diesem historischen Industriearchitektur-Ensemble, das alte Pumpenhaus, wollte nicht wegen wechselnder Direktoren und sich wiederholender Insolvenzen als zersägte Jungfrau enden. Fast vergessen neben dem frisch renovierten raketenförmigen Wasserturm, der jetzt Büros, Tagungsräume und im Erdgeschoss eine Ausstellung beherbergt, entstand 2011 die Idee zu einem Restaurant, das ufernah am Seerhein liegen sollte. Die Gastronomin Lucia Blummer trat gemeinsam mit dem Architekturbüro Biehler Weith mit einer magischen Nummer auf: 33 Quadratmeter für eine Showküche, in der bis zu vier Personen gleichzeitig arbeiten können, und ein Gastraum, in dem knapp 20 Personen bequem Platz finden – minimaler Raum mit maximaler Atmosphäre. Statt Popcorn gibt's wechselnden Lunch, Brunch und laue Nächte, dazu Liegestühle und Limoncello oder sonntags das Faulenzerfrühstück. *It's magic!*

Adresse Turmstraße 32, 78467 Konstanz, www.esszimmer-kn.de | ÖPNV Bus 6, Haltestelle Stromeyerdorf | Öffnungszeiten Di–Fr 10–17 Uhr, bei schlechtem Wetter 10–16 Uhr, Mai–Sept. auch So | Tipp Wer keine Lust auf einen Kaffee am Ufer des Seerheins oder ein Bier um die Ecke in der Bleiche hat, kann sich bei der Konzertmuschel im Stadtgarten von einer echten Stromeyer-Überdachung Schatten spenden lassen.

5 Das Artefakt

Steckt es nicht schon längst in dir?

»Irgendwo im Raum, aber nahe zum Eingang sehen wir ein riesiges Messer. Es scheint auf seiner Spitze zu stehen und ausbalanciert zu sein. Seine Gestaltung entspricht der eines großen Universal-Küchenmessers«, schreibt der Künstler Davor Ljubicic auf seiner Website über ein Element seiner Ausstellung mit dem Titel »Steckt das, wonach du suchst, nicht schon längst in dir?« aus dem Jahr 2003. Dabei ging es ihm um die uns umgebende tägliche Gewalt und die Frage, ob sie nicht unsere tief verborgenen Wünsche widerspiegelt. »Artefakte« nennt Ljubicic Teile alter Installationen, die an anderen Orten ein neues Zuhause finden. Wie zum Beispiel das 2,60 Meter lange und 70 Kilo schwere Messer, das jetzt in einer Wand des Neuwerk-Innenhofes steckt. Was natürlich kein Zufall ist.

Die Neuwerk Kunsthalle e. V. wurde 2000 unter dem Motto »Gewerbe trägt Kultur« gegründet und hat aus dem ehemaligen Industriebau eine multifunktionale Kunsthalle gemacht. Fünfmal im Jahr finden hier Ausstellungen zeitgenössischer Kunst, Performances, Musik-, Theater-, Film- oder Literaturveranstaltungen statt.

Im Innenhof hängt noch ein weiteres Kunstwerk an der Wand. Der Künstler Johannes Lacher hat »9 Punkte« in Orange auf die alte Fassade gesetzt. Dass sie leicht unregelmäßig gemalt sind, ist dabei Absicht. »Das ist der Witz, es soll nicht stimmen«, sagt er. Damit will er eine »kontrastierende Komponente der Leichtigkeit« schaffen. Noch mehr Kunst und Kultur kann man beim jährlichen Internationalen Kurzfilmfestival erleben, das in Kooperation mit dem örtlichen Zebra-Kino veranstaltet wird. Und wer nach dem Besuch Hunger bekommen hat, kann in der angeschlossenen »Kantine KN« ganztags à la carte speisen. Gemeinerweise zieht der Duft schon ab halb zehn durch den Innenhof, was es fast unmöglich macht, die gebratenen Gnocchi oder den Rinderschmorbraten nicht zu kosten.

Adresse Oberlohnstraße 3, 78467 Konstanz, www.kantine-kn.de | ÖPNV Bus 6, Haltestelle Neuwerk | Öffnungszeiten immer zugänglich | Tipp Wer Bedarf an einem eigenen Messer im Taschenformat hat, sollte in der Hussenstraße 31 die »Rasierer-Zentrale« besuchen. Hier gibt's alles, was scharf ist.

6 Der Betonporsche

Dauerparker an der Uni

Der Porsche 911, kurz Neunelfer oder Elfer, gilt als Inbegriff des Porsche. Das Auto als Sinnbild für Geschwindigkeit stellt einen Gegenpol zur Skulptur als meist statisches Phänomen dar. »Das muss einen Künstler interessieren«, findet der 1947 in Bregenz geborene Österreicher Gottfried Bechtold. Deshalb steht sein Werk für eine Erweiterung des Kunstbegriffs, anknüpfend an die Radikalität Marcel Duchamps, an Land-Art, Minimalismus und prozesshafte Kunst. Ihn interessieren der Mythos Auto und die Idee von Zeit und Bewegung.

Für die Universität Konstanz entstand im Zuge des Themenkomplexes »Mythen des Alltags« 1971 sein erster Betonporsche, ein Original-Abguss seines Porsche 911, womit der Künstler das Auto in eine perfekte Form des Stillstands transformierte mit 10,7 Tonnen Gesamtgewicht »geparkter« Kunst. Der Moment des Parkens ist durch die eingelenkten Vorderreifen »eingefroren«, dem Porsche fehlen aber nicht nur Seitenspiegel und Scheibenwischer, durch den Abguss ging ihm auch seine Funktion als Fahrzeug gänzlich verloren. Der Sichtbeton musste über die Jahre einigen Vandalismus-Attacken standhalten.

Es folgte 2001 der Betonporsche II »Crash«, ein crashtaugliches und damit im Vorfeld auch fahrtaugliches Objekt. Für die Ausstellung »Reine und gemischte Zustände« im Kunsthaus Bregenz schuf er 2006 das Skulpturenensemble »Elf Elf«, elf Abgüsse eines aktuellen Prototyps der Porsche-911-Serie. Die Installation zeigt die zugedeckte Karosserie, wobei nur Teile der Reifen und Felgen zu sehen sind. Seit Sommer 2017 steht eines der elf Modelle dieser Reihe vor dem Kunsthaus Bregenz.

Dass der Porsche jetzt im Bereich der Frauenparkplätze steht, gefällt dem Künstler, der seine Holz- und Bronzeskulpturen gern in den Kontext weiblicher Torsi stellt, bestimmt. Anschauen kann man sich eine solche »Ready Maid« auf dem Vorplatz des Bregenzer Festspielhauses.

Adresse Eichbergstraße, 78464 Konstanz, www.lkm.uni-konstanz.de | ÖPNV Bus 9A, 9B, 9C, Haltestelle Haupteingang Universität | Öffnungszeiten immer zugänglich | Tipp Wer einen Kaffee in idyllischer Lage trinken möchte, kann in der Uni-Mensa »Seezeit« Rast machen, die Terrasse bietet einen phantastischen Blick über den Bodensee.

7 Die Bierboutique

Yoga und Malz – der Brauer erhalt's …

Es gibt Menschen, bei denen fragt man sich, ob ihr Tag mehr Stunden hat oder ob sie wie Obelix als Kind in ein Fass mit Zaubertrank (oder in diesem Fall Bier) gefallen sind. Einer dieser Menschen ist der Betreiber der »Bierboutique« in Konstanz, Martin Restle.

Ursprünglich hat er den Plan, Sport zu studieren. Nach einem einjährigen USA-Aufenthalt findet er keinen Studienplatz. So startet er eine Ausbildung zum Physiotherapeuten und lebt seine sportliche Seite als Kajak-, Ski- und Segellehrer aus. Nach ein paar Jahren ist die Luft raus. Nachdem er sein Hab und Gut verkauft hat, geht es mit der Freundin auf Weltreise, vor allem um zu kiten und zu surfen. Zurück in Konstanz, kauft er sich einen Camper und macht eine Ausbildung zum Kitesurf-Lehrer, was ihn dann unter anderem nach Dänemark, Spanien und Marokko führt. Soll ja nicht langweilig werden.

Aber irgendwann ruft die Heimat samt Freundin dann doch zur Rückkehr. Er stellt sich mit seinem Camper bei Kumpel Freddy auf der Reichenau in den Garten und zieht schließlich bei ihm unters Dach. Natürlich ist er bei diesem Lebensstil auch dem Thema Bier immer mal wieder über den Weg gekitet, und der Satz, den wohl schon viele Männer an den Bierbänken dieser Welt genuschelt haben, ist dann sicher auch gefallen: »Lass uns mal Bier brauen.« Was die beiden dann hobbymäßig auch gemacht haben.

Auf einmal wird ein Ladengeschäft frei, und sie setzen sich gegen 24 Mitbewerber durch. Das Wissen über Bier und Boutiquen schaffen sie sich in kürzester Zeit drauf, und am 24.11.2017 eröffnet die »Bierboutique«. Ein Bottle Shop mit Bierbar und dem Fokus auf »Bieratung«.

Knapp zwei Jahre später kommt dann auch das erste eigene Bier in den Verkauf, das »Hahn Solo«. Inzwischen ist das sechste im Sortiment. Aktuell stehen über 250 Biersorten zum Kaufen und Testen bereit, und es gibt sogar »Bier-Yoga-Kurse« – quasi Pils und Yang.

Adresse Kreuzlinger Straße 27, 78462 Konstanz, www.bierboutique-kn.de | **ÖPNV** Bus 1, 2, 3, 5, 9A, 9B, 12, 14, 908, Haltestelle Bodanplatz | **Öffnungszeiten** jeden letzten Fr im Monat »Open Tasting«, Infos und Anmeldung siehe Website | **Tipp** Weitere Biere in passender Umgebung, auch mit Essensangeboten zum Grundlage-Schaffen, gibt es um die Ecke im Old Marys Pub oder ein paar Häuser weiter im Logan's Irish Pub in der Kreuzlinger Straße.

8 Der Bismarckturm

Kein Turm von der Stange

Haben Sie schon mal darüber nachgedacht, sich einen Turm oder ein Denkmal in den Garten zu setzen? Wenn ja, dann können Sie hier Probe gucken. Denn es gibt in Deutschland insgesamt 146 steinerne, manchmal gemauerte oder betonierte Überreste von Bismarcktürmen und -säulen plus 27 weitere im Ausland. Der Turm-Typ mit der größten Verbreitung ist das Modell »Götterdämmerung« nach einem preisgekrönten Entwurf einer befeuerbaren Denkmalsäule, wobei die meisten Modelle aber einfach nur Aussichtstürme sind.

Was den Konstanzer Bismarckturm betrifft: Er ist keiner von der Stange, sondern entstand 1911/12 nach Plänen von Professor Georg Wickop und hatte ursprünglich zwei Feuerschalen. Möglich wurde der Bau erst durch eine größere Spende des Unternehmers Gustav Prym, die den Grundstock für die »Bismarck-Denkmal-Stiftung« legte, und durch das finanzielle Engagement zahlreicher Konstanzer Bürger. Vor allem an Silvester und beim Seenachtsfest bieten sowohl die Aussichtsplattform auf dem Turm als auch der Sockelbereich auf dem Raiteberg, dem »Monte Bisi«, eine atemberaubende Aussicht über die Altstadt und den See.

Einmalig dürfte wohl die Nutzung des Aussichtsturms als Zunftstube der Narrengesellschaft »Seehasen« sein. So tummeln sich hier die sogenannten Seehasen-Hansele, Narrenfiguren im bunten Fetzenhäs mit einer immer fröhlich schauenden Holzmaske. Am »Schmotzige Dunschtig« (Altweiberfasching) befreien die Seehasen die Grundschule Petershausen, die Sonnenhaldeschule und die Universität vom Unterricht und sind auch maßgeblich am internationalen Frühschoppen im »Konzil« beteiligt.

Das bürgerschaftliche Bismarck-Engagement geht also weiter. So findet am 1. Mai eine »Maihock« und am 3. Oktober das Bismarckturmfest statt. Kuratierte Aussicht mit Picknick-Qualität, da wird der kühnste Denkmalschützer von der fünften Jahreszeit überrascht – Ho Narro!

Adresse Raitebergweg 45, 78464 Konstanz | ÖPNV Bus 2, 3, 4/13, 12, 12/3, 13/4, Haltestelle Friedhof; Bus 9, 9C, 14, Haltestelle Königsbau | Öffnungszeiten Zunftstube nicht öffentlich zugänglich; Infos zur Aussichtsplattform unter www.ng-seehasen-konstanz.de/termine, Eintritt: Erwachsene 1,50 Euro | Tipp Ein kleiner Spaziergang zum Hauptfriedhof entlang der Schrebergärten lohnt sich. Hier liegt unter anderem Johann Martin Schleyer begraben (1831–1912), der Erfinder der Plansprache Volapük (Grabfeld 12, Reihe 11).

9 Der Blätzlebrunnen

»Ho Narro« und »Guet Blätz«

Wir sind in den 1960er Jahren, und die Narren der »Blätzlebuebezunft Konstanz« treibt es um, dass viele umliegende Städte einen Narrenbrunnen haben, aber die Fasnachtshochburg Konstanz nicht. Da wollen sie mit ihren über 1.700 Mitgliedern und einer der ältesten Narrenfiguren der schwäbisch-alemannischen Fasnet, dem Blätzle, nicht zurückstehen. Aber es sollte ein langer Umzug werden, bis der Brunnen endlich seinen Platz fand.

Den Anfang macht Zunft-Betriebsleiter Heinz Hug, indem er beim traditionellen Wurstschnappen am Kaiserbrunnen, der ohne die im Krieg geraubten Kaiserfiguren ohnehin wenig kaiserlich ist, einem Lokalredakteur die Idee flüstert. Der schreibt in seinem Artikel, dass es doch schön wäre, wenn ein »Blätz« die leere Steinpyramide zieren würde. Hug hakt mit einem Leserbrief nach, und mit immer neuen Aktionen halten die Narren den Vorschlag am Köcheln. Die erste Hürde ist der Gemeinderat, der gegen die Aufstellung eines so profanen Brunnens an einem zentralen Platz wie der Marktstätte ist. Aber die Buebe geben nicht auf und sammeln weiter Spenden. Der Durchbruch gelingt dann mit einer Großspende, und sie veranstalten einen Wettbewerb für die Brunnengestaltung. Den Zuschlag bekommt der Emmendinger Ernst Thomann für seinen Entwurf mit zwei Blätzlebuebe und einem hockenden Hemdglonker, einer in Konstanz entstandenen Verkleidung.

Insgesamt 6.800 Blätzle – das sind Lumpen oder genauer »Stück von irgendeinem Zeug« – schneidet er per Hand mit einer Schere aus Kupferblech aus und schweißt sie auf ein Untergestell aus Eisenstangen, ähnlich einer Schneiderpuppe. Der Gemeinderat bewilligt derweil die Aufstellung auf dem Areal zwischen Hertie, heute Karstadt, und dem Rathausgelände.

So wird mit großem närrischen Treiben und traditionellen Narrenrufen wie »Ho Narro« und »Guet Blätz« am »Schmotzigen Dunschtig« 1968 endlich der erste Konstanzer Narrenbrunnen enthüllt.

Adresse Blätzleplatz, 78462 Konstanz | ÖPNV Bus 1, 2, 3, 4/13, 5, 6, 9A, 9B, 12, 13/4, 14, 908, Haltestelle Bahnhof | Öffnungszeiten immer zugänglich | Tipp Ein echter Wetterblätz (Wetterhahn) thront auf dem Schnetztor der südlichen Stadtbegrenzung aus dem 14. Jahrhundert. Das Schnetztor ist neben dem Rheintorturm und dem Pulverturm der einzige noch bestehende Wehrbau des mittelalterlichen Konstanz.

10_Das Bling

Das geilste Fenster der Stadt

»Bling-Bling« ist ein Ideofon, also ein Geräuschwort. Es beschreibt aber auch das plötzliche Aufleuchten oder Aufblitzen von Edelsteinen und stark glänzendem Schmuck. Hier wird mit viel »Bäm« gearbeitet, dabei sind optische Effekte doch eigentlich geräuschlos.

Angefangen haben die beiden Goldschmiedemeister ihre Selbstständigkeit mit dem Werkstattatelier Sarah Kessler und Christian Bürger in dem Haus, in dem das San Martino seinen Sitz hat. Nach zweieinhalb Jahren sind sie dann in die Neugasse 11 umgezogen und haben hier »Bling« eröffnet. Kreativ und außergewöhnlich sind nicht nur ihre Schmuckkollektionen, sondern auch die Schaufensteraktionen. Aufgrund des neuerlichen direkten Kundenkontakts beschäftigte sie die Frage: Wie nutzt man so ein Schaufenster richtig aus? Sollen Passanten in die Werkstatt schauen können? Das Ziel war, auf einer ganz neuen Ebene kreativ zu sein. Tagsüber wurde normal gearbeitet und nach Ladenschluss bis spätnachts geklebt, geschnitten, ausprobiert und dekoriert. Bis zu viermal im Jahr verwandelt sich das Fenster in ein neues Universum. Beim »Bling outa space« mit fast psychedelischer Anmutung tauchte man zum Beispiel in einen explodierenden lilafarbenen Sternenhimmel ein.

Aber auch Aktionen wie die Kooperation mit »Froobie«, einem Eis-am-Stiel-Start-up aus Konstanz, erfreuten sich großer Beliebtheit. Unzählige Holz-Eisstiele, deren genaue Anzahl geschätzt werden sollte, lagen im Schaufenster. Oder »Welcome to Bling Paradise« anlässlich des dreijährigen Jubiläums, wo Passanten, Kunden und Freunde raten sollten, wie viele Kilogramm Sand sich im Schaufenster befanden – am Ende waren es 190! Das Fenster »Love Hurts« zum Valentinstag ging im wahrsten Sinne des Wortes unter die Haut, als im Laden vom Team Fullgas live tätowiert wurde.

Wenn Fenster ganz eigene Kunstwerke werden. Einfach reinschauen, für mehr Bling im Leben!

Adresse Neugasse 11, 78462 Konstanz | **ÖPNV** Bus 5, Haltestelle Bodanplatz; oder vom Bahnhof vier Minuten zu Fuß | **Öffnungszeiten** Schaufenster jederzeit, Laden Di–Sa 10–13 und 14–18 Uhr | **Tipp** Im Milk & Honey direkt nebenan gibt es exotische kulinarische Kreationen. Hier sollte man Bánh Mì, ein vietnamesisches Sandwich, probieren oder einen veganen Avocado Lime Pie.

11 Die Brauerei Inselbier

Craft in der Männerhandtasche

Was haben Hopeye, James Blond, Die zwei ?? und Black Beerd gemeinsam? Alle stammen von der Insel Reichenau und sind Craftbiere aus der Kreativ-Serie der Brauerei Inselbier. Wie kam es dazu?

Stilecht an einem Biertisch und in passender Laune beschlossen Sigrun Bundschuh, ihr Mann und weitere anwesende Bierfreunde, dem auf der Insel vorhandenen Wein und Gemüse eine weitere kulinarische Köstlichkeit hinzuzufügen. Im Brauen nicht unerfahren, hatte man doch vorher schon Honig- und Hanfbier für Fastnachtsgruppen kreiert, starteten sie 2016 das Unternehmen in einer Garage der örtlichen Gemüse-Genossenschaft. Selbstverständlich stammt das Brauwasser, die Grundlage für ein gutes Bier, aus dem Bodensee, die Gerste von einem Biobauern aus dem Landkreis Konstanz und der Hopfen von einem Demeterhof in Tettnang. Neuerdings ist auch der Anbau von Hopfen direkt gegenüber der hauseigenen Brauwerkstatt am Vögelisberg geplant. Ihre »Männerhandtaschen«, die Sixpack-Kisten, lassen sie ebenfalls lokal fertigen, in einem Psychiatriezentrum auf der Insel.

Neben der anfangs genannten Kreativ-Bier-Abteilung gibt es auch klassische Biere wie Weizen, Helles und Lager. Für alle Hobbybrauer und Craftbier-Liebhaber: Dem Bier wird bei der Abfüllung eine Dossage, eine kleine Menge Zucker, zugefügt, die vollständig zu Alkohol und Kohlensäure vergärt. Das Ergebnis sind trockene, weinartige Biere. Wer jetzt neugierig oder durstig oder beides geworden ist, sollte die Brauwerkstatt besuchen und an einer Führung teilnehmen. Auch Biertastings werden angeboten, und im Rahmen eines Brau-Seminars kann man sich selbst als Gerstensaft-Produzent versuchen.

Die Kreativabteilung bastelt übrigens immer wieder an neuen Kreationen, testet Neuzugänge oder sucht Wortspiele, die das nächste Etikett zieren sollen. Ein Besuch lohnt sich immer.

Na dann prost!

Adresse Am Vögelisberg 7, 78479 Reichenau | ÖPNV Bus 204 ab Bahnhof Reichenau, Haltestelle Reichenau Mittelzell Königsegg | Öffnungszeiten 1. April – 30. Sept. Di – Do 11 – 17 Uhr, Fr 16 – 18.30 Uhr, Sa 10 – 13 Uhr, 1. Okt. – 31. März Fr 16 – 18.30 Uhr, Sa 10 – 13 Uhr, Infos zu Führungen, Seminaren oder Biertastings unter www.reichenau-inselbier.de | Tipp Für mehr Bierhistorie unbedingt »Bierseelig«, eine Radtour zu 16 Brauereistätten mit Brauereibesichtigung, buchen. Anmelden kann man sich einen Tag vor der Tour beim Kultur-Rädle am Bahnhofplatz 29. Oder man geht zum Essen an den Yachthafen zum »Seeräuber« (Hermannus-Contractus-Straße 28).

12 Das Breinlinger Wandbild

Wenn Wände sprechen könn(t)en …

In Konstanz tragen viele Häuser nicht nur prunkvolle Namen wie »Zum Goldenen Löwen«, »Hohes Haus« oder »Zum Hohen Hafen«, sondern häufig auch schöne Bilder auf ihren Fassaden. Die Stadt verfügt über die meisten Wandmalereien im deutschsprachigen Raum. Wichtige Szenen aus der Stadtgeschichte wurden so festgehalten, und farbenfrohe Renaissancemalereien erfreuen das Auge des schlendernden Besuchers. Nur ein Fassadengemälde fällt etwas aus dem Rahmen, und zwar das am ehemaligen »Haus zur Flasche« in der Hussenstraße 18. Die Malereien, die sich bis unters Dach erstrecken, sind expressionistisch und anthroposophisch beeinflusst, was so gar nicht ins Konzept passt. Wer ganz nach oben schaut, findet unter der Traufe einen Satz in Sütterlinschrift, der verrät, was passiert ist: »So mancher mich rich't, gedenkt seiner nicht, gedächte er sein, vergäße er mein«, ist da zu lesen.

Was war passiert? Der Buchhändler und Kunstmäzen Oskar Wöhrle hatte 1922 den Konstanzer Künstler Hans Breinlinger mit der Schaffung des Wandgemäldes beauftragt. Das Ergebnis stieß bei den Konstanzern, vor allem bei seinen Nachbarn, auf keine große Begeisterung. Einige forderten sogar die Entfernung, frei nach dem Motto: »Das ist keine Kunst, das kann weg.« Nur das Eingreifen des damaligen Stadtpfarrers sorgte für den Erhalt der »Schmiererei«. Wöhrle ließ es sich dann nicht nehmen, besagten Schriftzug als Botschaft an seine Nachbarn hinzuzufügen.

Breinlinger selbst verließ Konstanz zwei Jahre später Richtung Berlin, kehrte aber 1943, nachdem seine Wohnung und sein Atelier einem Bombenangriff zum Opfer gefallen waren, nach Konstanz zurück. Mittlerweile galt seine Kunst als »entartet« und wurde aus den Galerien genommen. Sein größtes Werk aber war nicht so leicht zu entfernen, was Wöhrles damaligem Kommentar noch eine besondere Note verlieh. Könnten Wände sprechen, würde diese sagen: »Kehr vor deiner eigenen Fassade!«

Adresse Hussenstraße 18, 78462 Konstanz | ÖPNV Bus 1, 2, 3, 4/13, 5, 6, 9A, 9B, 12, 13/4, 14, 908, Haltestelle Bahnhof | Öffnungszeiten immer zugänglich | Tipp Wer noch mehr Wände, die Geschichten erzählen, sehen will, sollte die gleichnamige Führung bei Konstanz Tourismus buchen (www.konstanz-tourismus.de) oder in der Bar Klimperkasten in der Bodanstraße einkehren.

13 Der Burghof Wallhausen

Rapunzel, Rapunzel, lass dein Haar herunter!

Der Burghof von Dettingen war einst Eigentum der Familie von Dettingen und vielleicht auch die Heimat des Minnesängers Heinrich von Dettingen. Verträumt thront das markante Gebäude zwischen den Bäumen hoch über dem See.

Erstmal urkundlich erwähnt wird die »Villa Walarhusin« 1187, als Kaiser Friedrich I. mit der Fähre von Überlingen nach Wallhausen übersetzt. Es beginnt ein mehrfacher Besitzerwechsel. Von den Herren zu Dettingen geht die Burg an die Deutschordenskommende Mainau, wird im Dreißigjährigen Krieg zerstört und 1661 am jetzigen Ort wiederaufgebaut. Wer Lust hat, wie Rapunzel im Burgturm zu übernachten, kann sich hier einmieten! Zimmer mit Kassettendecke, ein Rittersaal mit braun glasiertem Kachelofen und eine gemütliche Burgschänke laden zum Verweilen oder märchenhaften Feiern ein. Fließend Wasser gibt es im Gemeinschaftsbad, oder Rapunzel hüllt sich in ihr Haupthaar und wandelt direkt zum Bad im See.

Der Biergarten mitten im Landschaftsschutzgebiet ist im Sommer das ideale Ausflugsziel, hier darf man sogar selbst grillen. In der Burgschänke kann man wie die Rittersleut Poulardenbrüstchen verspeisen oder Lesungen lauschen, die Räumlichkeiten können auch für größere Events gemietet werden. Und weil sich um eine Burg gern Legenden ranken: An Silvester kann das verschollene goldene Kegelspiel gesucht werden. Der kunstvoll gestaltete Schatz, so wird berichtet, liegt irgendwo auf dem Burghof vergraben. Schon viele wollten ihn heben, aber er wurde bis jetzt nicht gefunden. In dunklen, unheimlichen Nächten allerdings soll der Ritter, der ihn versteckt hat, das Spiel hervorholen und die Kugel rollen lassen … Ob die unheimlichen Geräusche etwas mit den Raubgrabungen zu tun haben, die zutage förderten, dass es sich bei der Ruine Alt-Dettingen um Neu-Dettingen handeln muss, weiß man nicht. Die Geschichtsbücher jedenfalls müssen wohl umgeschrieben werden.

Adresse Burghofweg 50, 78465 Konstanz-Wallhausen | **ÖPNV** Bus 4/13, Haltestelle Wallhausen Birnaublick | **Anfahrt** mit dem Auto zum Waldparkplatz, dann etwa zehn Gehminuten, einfach dem Weg hinter dem Grillplatz folgen | **Öffnungszeiten** April–Ende Sept. Mi–So und Feiertage 12–22 Uhr, Okt.–Ende März Sa, So und Feiertage 12–22 Uhr (Küche bis 19.30 Uhr) | **Tipp** Unbedingt eine Wanderung zur Marienschlucht unternehmen, diese hat sogar eine eigene Bootsanlegestelle.

14_Der Chérisy-Soldat

Ärger an der Spitze

Das 114er-Regiment hat ja schon an anderer Stelle Spuren in der Stadt hinterlassen und taucht auch hier wieder auf. Im Ersten Weltkrieg konnte es einen Etappensieg in Nordfrankreich erringen, indem es, unter hohen Verlusten, seine Stellungen in der Nähe von Chérisy behauptete und so einen Durchbruch der Engländer verhinderte. Um diese »Heldentat« nun an die nächste Generation von Rekruten weiterzugeben, veranlasste die Reichswehr in Konstanz zwei Dinge: Sie benannte die neu errichtete Kaserne nach dem umkämpften Ort und stellte 1937 einen dreieinhalb Meter großen Soldaten, der eine Fahne trägt, an den Eingang. Geschaffen hat den »Chérisy-Soldaten« der Konstanzer Bildhauer Paul Diesch, dem auch Radolfzell ein ähnliches Kunstwerk verdankt. Modell stand wohl der ebenfalls aus Konstanz stammende Soldat Walter Huber.

So üblich und kaum erwähnenswert, schließlich sind solche martialischen Steingebilde auch an vielen anderen Orten zu sehen. Ob man derlei braucht oder nicht, ist eine andere Frage. Bekanntheit erlangte dieser Steinkamerad aufgrund der immer wieder aufbrandenden Diskussionen über seine Fahne. An deren Spitze befindet sich nämlich ein Reichsadler samt Hakenkreuz.

Warum die Franzosen, die ironischerweise nach dem Ende des Zweiten Weltkriegs die Kaserne übernahmen, die Figur über 20 Jahre lang nicht anrührten, bleibt rätselhaft, denn sie werden sie kaum übersehen haben. Nachdem sie das Gelände 1979 verlassen hatten, ergriff die Stadt die Chance und baute hier ein Quartier für seniorengerechtes und studentisches Wohnen.

2014 flammten die Diskussionen wieder auf: Sollte ein solches Zeichen des Militarismus des Naziregimes stehen bleiben oder lieber abgerissen werden? Das Denkmalamt stufte die Figur als erhaltenswert ein, versah sie aber immerhin mit einer Infotafel, über die auch wieder gestritten wurde und – vor allem im Kulturausschuss – wird.

Adresse Ecke Chérisy-Straße/Oberlohnstraße am östlichen Eingang des Chérisy-Areals 1, 78467 Konstanz | ÖPNV Bus 2, 3, 12, Haltestelle Fürstenberg | Öffnungszeiten immer zugänglich | Tipp Ein kleiner Rundgang durch das Chérisy-Areal lohnt sich. Danach kann man im »Heimathafen« anlegen (Chérisy-Straße 3, Mo–So 9–18 Uhr, Di Ruhetag).

15 Die Chorfenster

Wie Sie sehen, sehen Sie nichts

In der Regel dienen Fenster dazu, durch sie hindurchzuschauen, und sie bringen Licht in Gebäude. In Kirchen werden sie außerdem als Flächen für Heiligenbilder und Ähnliches genutzt. Rätselhaft ist, wenn keiner dieser Zwecke erfüllt wird. Wie bei den Spitzbogenfenstern, die man nicht sieht, wenn man im Inneren des Münsters auf die Ostwand schaut. Man erblickt ein Altarbild und zwei Heiligenfiguren. Betrachtet man die Ostwand jedoch von außen, blickt man auf drei Spitzbogenfenster mit Farbverglasung und fragt sich: Wie konnte das passieren?

Im Jahr 1432 wird der Chorraum vor der Ostwand eingewölbt, und drei Spitzbogenfenster mit Glasmalereien werden eingefügt. Das soll die Aufmerksamkeit auf den mitten im Chorraum stehenden Hochaltar lenken. Damit mehr Licht in den Innenraum gelangt, wird die Farbverglasung Ende des 17. Jahrhunderts durch klares Glas ersetzt.

100 Jahre später ist es dann der Architekt Pierre Michel d'Ixnard, der den Chorraum neu gestaltet und dabei den Hochaltar nahe an die Ostwand versetzt. Offensichtlich gefällt ihm die Beleuchtungssituation nicht mehr, und er mauert die mittlere Öffnung bis auf Höhe des Bogensatzes der beiden äußeren Fenster zu. Mitte des 19. Jahrhunderts wird das mittlere Fenster wieder geöffnet, und alle drei bekommen neue, farbige Verglasungen, auf denen fünf etwa lebensgroße Figuren zu sehen sind. Es soll die Wirkung eines »riesenhaften Altarblattes«, ähnlich den mittelalterlichen Flügelaltären, erreicht werden.

Um 1920 wird an den grellen Farben der Fenster und deren Gestaltung, die nicht mittelalterlich genug ist, rumgenörgelt – zu viel Gegenlicht stört die morgendlichen Gottesdienste. Die Folge: Alle drei Fenster werden zugemauert. Die Farbverglasung ist jetzt nur noch von außen zu sehen, und das auch nur, wenn man einen Schlüssel für den Garten hat oder eine entsprechende Lücke findet.

Adresse Münsterplatz 1, 78462 Konstanz | ÖPNV Bus 1, 2, 3, 4/13, 6, 9A, 9B, 12, 13/4, 14, 908, Haltestelle Konzilstraße/Theater | Öffnungszeiten Kirche Mo–Sa 10–17.30 Uhr, So 12.30–18 Uhr | Tipp Einen sehr schönen Innenhof für sommerliche Tage hat das Café-Restaurant Wessenberg schräg gegenüber dem Münster, und im Winter gibt es die »Fondue-Hütte«.

16 Das Constanzer Wirtshaus

Vom Zapfen- zum Saitenstreichen

Das Constanzer Wirtshaus hat einiges zu bieten. Der lauschige Biergarten liegt direkt am Rhein – mit bester Aussicht auf die Altstadt, das Münster, den See und die Alpen. In der kalten Jahreszeit prasselt im Wintergarten in einem riesigen Kamin in der Mitte ein gemütliches Feuer, das wohlige Wärme verbreitet. Neben lokalen Speisen fließen drei Hausbiere aus den Hähnen: Helles, Weißbier Hell und Bockbier, ergänzt durch Bodensee-Gin, -Whisky, -Rum und -Wodka als Verdauungshilfen. Wer zu Hause noch einen Absacker möchte oder Vorrat fürs Wochenende braucht, kann die Biere auch in Flaschen mitnehmen. Außerdem verfügt das Wirtshaus über so viele Räumlichkeiten und Plätze, dass man nur in Ausnahmefällen hungrig oder durstig nach Hause geht, zumal die Gegend gegenüber der Altstadt nicht so überlaufen ist wie die andere Rheinseite.

Natürlich hat auch dieses Anwesen eine Geschichte. Bis etwa 1852 ließ die markgräfliche Verwaltung hier die »Schenk- und Speisewirtschaft zum Petershausener Schäpfle« betreiben. Dann ging das Haus in den Besitz des Großherzoglichen Kriegsministeriums über und diente als Wohnung für den Kommandanten und als Offizierskasino. Ende des 19. Jahrhunderts brannte das Gebäude ab, um Weihnachten 1900 als Offizierskasino wieder zu eröffnen. Es folgten die Franzosen als Besatzer und Besitzer, die es ebenfalls militärisch nutzten. Erst nach ihrem Abzug wurden künstlerische Saiten aufgezogen. Die Südwestdeutsche Philharmonie zog ein und zur Jahrtausendwende wieder aus.

Seitdem versuchten mehrere Gastronomen ihr Glück, bis sich schließlich das Constanzer Wirtshaus hier niederließ. Tipp für Alleinspeisende: An einem der Stehtische nahe der Theke Platz nehmen und bei Vesperbrett und Bier die Atmosphäre genießen. Tipp für Romantiker: Von hier hat man einen der schönsten Ausblicke auf den Sonnenuntergang über dem Seerhein und auf sein Gegenüber.

Adresse Spanierstraße 3, 78467 Konstanz | ÖPNV Bus 1, 2, 3, 4/13, 5, 6, 9A, 9B, 12, 13/4, 14, 908, Haltestelle Sternenplatz/Spanierstraße | Öffnungszeiten Infos unter www.constanzer-wirtshaus.de | Tipp Wer mindestens 21 Jahre alt ist, einen Ausweis mit sich führt und gern Poker spielt, kann in der Seestraße 21 in einem der drei Baden-Württembergischen Casinos sein Glück herausfordern.

17 Die Dreifaltigkeitskirche

Von Fresken und leeren Taschen

Während des vier Jahre dauernden Konzils (1414–1418) platzte die Stadt aus allen Nähten. Angehörige jeden Gewerbes, vor allem auch »des ältesten Gewerbes der Welt«, bevölkerten die Straßen in der Hoffnung, Geschäfte zu machen. Aber auch die einheimischen Handwerker und Künstler profitierten von der päpstlichen Veranstaltung, zum Beispiel die drei Malermeister Lederhoser, Grüber und Sünder. König Sigismund, quasi der Schirmherr des Konzils, beauftragte sie mit einer Freskenarbeit in der Dreifaltigkeitskirche. Errichtet für die Augustiner-Eremiten, trägt sie auch den Namen Augustinerkirche. Da der König zeitweilig bei den Augustiner-Eremiten residierte, wollte er sich mit diesem Geschenk bei ihnen bedanken.

Vier Monate brauchten die drei und wurden – gefundene Quittungen deuten darauf hin – auch für ihre Arbeit entlohnt. Was nicht selbstverständlich war bei Sigismund, den der Volksmund gern den »König mit den leeren Taschen« nannte. Er lebte verschwenderisch, wohingegen seine Zahlungsmoral eher bescheiden ausfiel. Er vertraute wohl recht erfolgreich häufiger darauf, dass man einem König so etwas nachsah.

Die Fresken befinden sich an den Hochwänden des Mittelschiffs und gehören heute zu den größten Kunstschätzen der Stadt. Dargestellt sind auf einem umlaufenden Fries 18 Szenen aus der Geschichte des Augustinerordens. Darunter Sigismund selbst und einige Heilige aus seinem Geschlecht. In der Fensterzone oben sind Propheten aus dem Alten Testament zu sehen. Wobei man eigentlich genauer sagen müsste, sie sind *wieder* zu sehen, und das erst seit gut 100 Jahren. Im Jahr 1740 wurde die Kirche nämlich barockisiert. Das Mittelschiff wurde eingewölbt, die Fenster umgestaltet, Decke und Wände wurden mit Stuck versehen. Dabei übermalte man die Kunstwerke. Erst bei Instandsetzungsarbeiten 1904 kamen sie wieder zum Vorschein und wurden restauriert.

Adresse Rosgartenstraße 25, 78462 Konstanz | ÖPNV Bus 1, 2, 3, 4/13, 5, 6, 9A, 9B, 12, 13/4, 14, 908, Haltestelle Bahnhof | Öffnungszeiten 9–19 Uhr | Tipp Von hier bietet sich ein Bummel durch die Altstadt an. Wer Hunger hat, dem sei die interessante Mischung aus Sushi & Grill im Restaurant »Umami« an der Ostseite der Kirche empfohlen (Sigismundstraße 12, Mo–So 11.30–23 Uhr).

18 Der Durchgang Marienhaus

Mit Mitmachkunst durch die Krise

Wandgemälde haben in Konstanz eine lange Tradition, dazu können sogar eigene Stadtführungen gebucht werden. Doch das Besondere an diesem »Mural« ist: Es ist partizipativ entstanden. Durchgänge oder Hauswände werden oft Opfer von Vandalismus. Das war wohl auch ausschlaggebend für die Idee, diesen Ort neu zu gestalten, denn am Ende des Durchgangs befindet sich ein idyllischer Innenhof, ein Treffpunkt für Bewohner, Besucher und Mitarbeiter des Seniorenheims.

Bert Binnig und sein Team von Home Base haben gemeinsam mit der Leitung und den Bewohnern des Seniorenstifts der Caritas ein Workshop-Konzept entwickelt und durchgeführt. Da die Wand recht hoch ist, konnten die Bewohner nicht selbst an der zu bemalenden Fläche aktiv werden, dafür haben sie Strichzeichnungen von unterschiedlichen Blumen erstellt, inspiriert von dem blühenden Garten. Im Innenhof wurde gemalt und gestempelt, danach digitalisiert und ein stimmiges Farbkonzept entwickelt. Nachdem der Torbogen vom Team bemalt wurde, kann nun jeder seine Blume im Gesamtwerk wiederfinden. Die Freude über den neu gestalteten Durchgang ist bei allen Beteiligten und Besuchern groß, er ist ein bleibendes positives Signal nach dem coronabedingten Lockdown.

Die meisten Projekte von Home Base im öffentlichen Raum sind partizipativ und temporärer Natur, so erinnern sich sicherlich einige Konstanzer an das Kunstevent VIS!TE: »Ein leer stehendes Krankenhaus – 100 Künstler – 1000 Ideen«. Ein eindrückliches Beispiel dafür, was man als Kollektiv bewegen kann, wenn man die Gelegenheit nutzt, die sich bietet. Ihr neuestes Projekt Kreuztanz, die »Verschönerung« des Corona-Grenzzauns durch ein Flatterband, hat es sogar zum Ausstellungsstück im Haus der Geschichte in Stuttgart gebracht.

»Am Ende wird alles gut, und wenn es nicht gut ist, ist es nicht das Ende«, wusste angeblich schon Oscar Wilde.

Adresse Wallgutstraße 11, 78462 Konstanz | **ÖPNV** Bus 1, 2, 3, 9B, 12, 14, Haltestelle Bürgerbüro | **Öffnungszeiten** jederzeit zugänglich | **Tipp** Für mehr Blumen beziehungsweise australische Latte Art geht's ab zu Coffee Fritz, dem »aussie coffee shop« in der Kreuzlinger Straße 7.

19 Der ehemalige Schlachthof

Von der Speck- zur Buchschwarte

Könnten alte Gemäuer sprechen, dieses würde erst laut schreien und dann um wissenschaftliche Ruhe bitten. Ende des 19. Jahrhunderts wurde dieses an oberitalienische Gutshöfe erinnernde Gebäude als moderner Schlachthof errichtet. Entstanden ist eine Fleischfabrik mit einer dank zahlreicher Fenster lichtdurchfluteten Schlachthalle. Die anfängliche Euphorie über den Neubau schwand zusehends, denn dass die Kutteln im angrenzenden Rhein gesäubert wurden, störte nicht nur vorbeiflanierende Bürgerstöchter.

Schauplatzwechsel. In einem ganz anderen Gebäude schlug derweil 1911 die Geburtsstunde der heutigen Bibliothek. Auf nur 16 Quadratmetern präsentierte sich der Buchbestand der Technikum-Dozentenbibliothek. Als dann 1971 aus dem Technikum die Fachhochschule Konstanz wurde, war es so weit: Die Bücher standen jetzt allen zur Verfügung.

Doch zurück zum schreienden Gebäude. Das »delikate« Nebeneinander von Schlacht- und Vorlesungsbetrieb entwickelte sich mehr und mehr zum Stressfaktor für den angrenzenden Campus, wie ein Zitat aus einer Vorlesung 1983 trefflich beschreibt: »Zur Sommerszeit reißen die Studenten mitten in der Vorlesung die Fenster auf, um dem fröhlichen Gequieke der Schweine und dem Gebrumme des Hornviehs zu lauschen und den berauschenden Duft der Kaldaunen begierig einzusaugen …«

1994 lehnte das Denkmalschutzamt den Abriss des Gebäudes glücklicherweise ab. Darauf folgte eine vollständige Entkernung, und die lichtdurchflutete, 20 Meter hohe Halle mit ihrer galerieartigen zweigeschossigen Stahlkonstruktion wird nun zur Freihandaufstellung und für Lese- und Lernplätze genutzt. Besonders reizvoll ist heute die offene, fast sakral anmutende Konstruktion mit dem von sechs gusseisernen Stützen mit Schafkopfmotiv und Rundbögen getragenen hölzernen Dachstuhl. Ironischerweise befindet sich genau gegenüber der alten Tötungsbucht die Servicetheke für Mahngebühren.

Adresse Hochschulbibliothek der HTWG Konstanz Gebäude K, Alfred-Wachtel-Straße 8, 78462 Konstanz | ÖPNV Bus 1, 2, 3, 9A, 9B, 12, 14, Haltestelle Schottenplatz | Öffnungszeiten Mo–Do 8–21 Uhr, Fr 9–17 Uhr, Sa, So 10–19 Uhr | Tipp Auf dem »Literarischen Radweg« kann man nähere Bekanntschaft mit Jacob Picard, Hermann Hesse, Joseph Victor von Scheffel, Hans Leip, Rudolf Borchardt und Fritz Mühlenweg machen. Losgeradelt wird am Hauptbahnhof in Konstanz (www.literaturland-bw.de/radwege/04).

20 Das Eishandwerk Anelu

Wie schmeckt 1.001 Nacht?

Mango, Himbeere, Lavendel, Lakritz, Rosmarin-Honig, persisches Eis, Orangenblüte, Apfel-Holunderblüte – damit wäre obige Frage schon mal beantwortet.

Wer Lust hat, sein eigenes Eis herzustellen, der sollte unbedingt einen Eiskurs im Eislabor von Dr. Anne Pesaro, ausgebildet vom deutschen »Eis-Papst« Uwe Koch, mit anschließender Verkostung buchen. Immerhin hat sie über 100 Sorten im Angebot. Die promovierte Biologin erklärt das Geheimnis des Eises so: »Wenn ich nur Milch in die Eismaschine gebe oder nur Wasser, dann gefriert das und wird hart wie Stein. Wenn ich aber Zucker hinzufüge, Magermilchpulver und die Schokolade, dann setzen sich diese Feststoffe zwischen die Eiskristalle, dadurch kann es nicht richtig fest gefrieren, und heraus kommt dieses wunderbare Eis, das sich dann auch formen lässt.«

Die hauseigenen Fruchteissorten bestehen zu 25 bis 50 Prozent aus Früchten, das Milcheis enthält mindestens 70 Prozent Vollmilch, und auf Wunsch kann auch laktosefreies oder veganes Milcheis hergestellt werden, ohne Zusatz von Farb- und Aromastoffen, versteht sich. Die Zutaten sind ihr heilig, sogar aus Rote Bete, Gurke und Spargel lässt sich Eis machen. Auch an aphrodisierendes Eis – nach dem Vorbild von Martin Suters Buch »Der Koch« – hat sie sich gewagt, dafür gibt sie allerdings keine Garantie! Ab fünf Litern Mindestmenge wird alles möglich und jede Geschmacksrichtung »vereist«. Neben diversen Cafés beliefert sie sogar eine Metzgerei in Konstanz – den Geschmack »Mett« hat sie allerdings noch nicht ausprobiert.

Für die italienische Tradition ist übrigens ihr Mann Luigi verantwortlich und auch für die Experimente mit Dunkelbier. Kein Wunder, denn er hat 30 Jahre lang mit Herz und Seele den »Old Mary's Pub« geführt, der sich im selben Gebäude befindet. Und ganz ehrlich, wer träumt nicht von einem »eisigen« Guinness? Oder um es mit Stan Laurels Worten in »Dick und Doof« zu sagen: *»I'll have chocolate (ice)!«*

Adresse Kreuzlinger Straße 19, 78462 Konstanz, www.anelu-eishandwerk.de | ÖPNV Bus 1, 2, 3, 9A, 9B, 12, 14, Haltestelle Schnetztor | Öffnungszeiten Kurse nach Vereinbarung unter Tel. 0171/3308027 | Tipp Wer sein Eis mit Seeblick schlecken möchte, kann dies auf der historischen Fähre im Hafen tun.

21 Die Energiesparleuchten

Wenn einem beim Experimentieren ein Licht aufgeht

»Es werde Licht!« Das spricht in diesem Fall nicht Gott, das sagen die Stadtwerke Konstanz. Entlang des linksrheinischen Ufers des Seerheins, auf einer Strecke von circa 1,2 Kilometern, gab es eine in die Jahre gekommene Straßenbeleuchtung. Im Auftrag der Stadt Konstanz startete hier 2019 ein besonderes Pilotprojekt. Die Leuchtenköpfe wurden durch LED-Leuchten ersetzt. Das Besondere daran: Sie sind sensorgesteuert und kommunizieren miteinander. Die Idee war, CO_2 einzusparen. Die sanierungsbedürftigen Lichtpunkte, zuvor mit 56 Watt bestückt, werden neuerdings mit LEDs gedimmt. Diese werden mit acht bis 39 Watt betrieben – das freut nicht nur den Geldbeutel, sondern auch die Insekten, die früher an der heißen Oberfläche verbrannten. Heute sammeln sie sich zwar noch dort, müssen deswegen aber nicht mehr sterben. Nicht nur für Fauna und Flora eine Bereicherung, auch der Gewässerstreifen profitiert. Auf dem Weg zur Smart Green City ist das Pilotprojekt ein wichtiger Baustein.

Die kaltweißen Leuchten werden normalerweise zur Rad- und Fußwegbeleuchtung verwendet, sind aber für Aufenthaltsflächen viel zu ungemütlich. Die Idee, dass sich die Beleuchtung bei Bedarf für die Dauer von zehn Minuten automatisch auf 100 Prozent aufhellt und danach wieder runterdimmt, wodurch weniger Energie verbraucht wird, ist innovativ und macht durchaus Sinn, nur nicht an dieser Stelle.

Nicht ganz unschuldig an der erhöhten Frequentierung des Ortes ist die »Strandbar«, die mit ihren Live-Events »Seen und Hören«, den Übertragungen der WM-Spiele, dem riesigen karibischen Sandstrand mit weißen Schirmen und einem Blick auf den Seerhein lockt. Betrieben wird sie übrigens vom Seezeit Studierendenwerk Bodensee. Angeboten werden exotische Cocktails, Gin und Tonic, aber auch Leckeres vom Grill – der perfekte Platz für Entspannung und »viel Licht im Dunkeln«!

Adresse Rheinsteig, Wintererstieg, Am Schänzle, 78462 Konstanz | ÖPNV Bus 5, 9A, Haltestelle Schänzle-Sporthalle/Gartenstraße; Bus 1, 2, 3, 5, 9A, 9B, 12, 14, Haltestelle Laube/Niederburg | Öffnungszeiten immer zugänglich, »Lightshow« am besten gegen 2 Uhr nachts; Strandbar: April–Sept. 12–24 Uhr, bei gutem Wetter | Tipp Noch mehr Licht gibt es beim Projekt »Drück mich« in der Holzgasse, dem ersten Experiment der Stadtwerke aus dem Jahr 2009. Zwei Krankenschwestern hatten sich für den Heimweg eine Straßenbeleuchtung gewünscht, die auf Abruf funktioniert – light on demand.

22 Der Erlebniswald Mainau

Nicht nur für echte Skywalker

Allen Star-Wars-Fans, die sich an »Die Rückkehr der Jedi-Ritter« und »Ewok Village« erinnern, wird hier das Herz aufgehen. Für alle anderen: Ewoks sind ein auf dem Waldmond Endor lebendes Naturvolk, friedliebende und gastfreundliche kleine Pelzwesen, die in baumhausartigen Strukturen wohnen. Ein Ewok wäre allerdings zu klein und dürfte in den Erlebniswald gar nicht rein. Die Mindestgröße, um klettern zu dürfen, ist 1,40 Meter, das Mindestalter zehn Jahre. Dieses Adrenalinerlebnis führt in 15 Metern Höhe auf einem ungewöhnlichen Parcours mitten durch die Bäume. Hier werden zwar keine Lebensmittel gelagert wie in der Filmvorlage, dennoch gibt es Hängebrücken und eine einzigartige Baumhausarchitektur.

Für alle, die sich nicht trauen, Höhenangst haben oder aus gesundheitlichen Gründen nicht teilnehmen können, wird ein 100 Meter langer aufgeständerter Steg geboten, von dem aus man den anderen entspannt beim Tarzanspielen zuschauen kann. Hier kann man sich so richtig austoben, zwischen Baumwipfeln verausgaben, von Station zu Station geschickt durch die Baumkronen hangeln, hoch über dem Waldboden die eigenen Grenzen austesten oder sich im Rahmen einer Teambuildingmaßnahme gegenseitig anfeuern. All das macht nicht nur Spaß, sondern hätte auch Han Solo und seinen knuddeligen Gefährten gefallen.

Der beeindruckende Kletterwald inmitten der Natur sorgt für Spannung, fördert das Selbstvertrauen und ermöglicht es, ganz bei sich zu sein, denn während des Kletterns bleibt schlicht keine Zeit, um an andere Dinge zu denken.

Mitbringen sollte man geschlossene Schuhe mit griffiger Sohle und bequeme Kleidung, eventuell regenfest, denn geklettert werden kann bei jedem Wetter. Gurte und Helme gibt es vor Ort, inklusive einer Einweisung durch einen Guide, der den Ausrüstungs- und Sicherheitscheck im Einweisungsparcours durchführt. Möge die Macht mit euch sein!

Adresse St. Katharina 1, 78465 Insel Mainau | ÖPNV vom Hauptbahnhof mit Bus 4/13, 13/4, Haltestelle Mainau | Anfahrt L 219 bis Parkplatz Insel Mainau, dann der Beschilderung »Erlebniswald« folgen, etwa 15 Minuten Fußweg | Öffnungszeiten je nach Witterung, April–Sept. Sa, So, Feiertage 11–19 Uhr sowie auf Anfrage | Tipp Wer im Winter einen auf Ninja Warrior machen und sich an Gerüsten entlanghangeln, über Hindernisse klettern und an Seilen hochziehen möchte, geht ins M10 True Active in der Maybachstraße 10.

23 Evelyn's Café

Die Stalltür zum Glück mit bezauberndem Garten

Ein seit 2007 denkmalgeschütztes Häuschen mit blauen Fensterläden, zeitaufwendig restauriert, liegt verträumt mitten in Dingelsdorf. Hier, in einem der ältesten Häuser im Ortskern, dem einstigen Mesnerhaus, befindet sich seit 2018 Evelyn's Café. Die frühere Stalltür des aus dem 14. Jahrhundert stammenden Gebäudes ist vollflächig verglast, das Fachwerk und die schweren Holzbohlen an den Wänden haben ihren ganz eigenen urigen Charme. Kombiniert wird dieser mit blumigen Sesseln, moderner Beleuchtung und einer für ein normales Bauernhaus ungewöhnlichen spätgotischen Bohlen-Balken-Decke. Dort, wo einst Kühe mit Heu versorgt wurden, finden heute Café-Liebhaber das, was man zum Glücklichsein braucht: ein Gugelinchen (Mini-Gugelhupf).

Dabei hat alles mit einem traurigen Ereignis angefangen. Evelyn Blumenröther hat nach 40 gemeinsamen Jahren ganz unvermittelt ihren Mann verloren und daraufhin »wie eine Wahnsinnige« einfach noch mehr Marmelade und Sirup gekocht. Die Leckereien hat sie auf Weihnachts- und kulinarischen Märkten der Umgebung verkauft. So kam es, dass sie den Vorbesitzer des Cafés kennenlernte und sich spontan zu der Idee »Ich eröffne ein Café« hinreißen ließ. Daran geglaubt hat erst mal nur sie und schon 17 Tage später eröffnet.

Wer mehr über die Geschichte dieses besonderen Hauses erfahren möchte, sollte die Bewerbung zum Denkmalschutzpreis lesen, dort findet man die gesammelten Erkenntnisse aus der Dingelsdorfer Dorfchronik über die frühere Besitzerfamilie und die Rolle des Deutschordens. Wer lieber selbst entdeckt, dem sei ein Blick in die Original-Küche von 1920 oder auf die Feststeller an den Fensterläden neben dem Hauseingang empfohlen.

Heute sind Evelyns Quiches, Tapas und die himmlischen selbst gebackenen Kuchen sowie die Lesungen, Tapas- und Mädelsabende mit Erdbeerbowle, die im Café und in ihrem bezaubernden Garten stattfinden, für die Dingelsdorfer unverzichtbar.

Adresse Thingoltstraße 9, 78465 Konstanz | ÖPNV Bus 4/13, Haltestelle Dingelsdorf Ortsmitte | Öffnungszeiten Mi–Sa 11–21 Uhr, So 11–18 Uhr oder einfach vorbeischauen | Tipp Am Bodenseeufer von Dingelsdorf oder im Wollmatinger Ried kann man schottische Hochlandrinder der Highlandzucht Romer bewundern. Wer sich für »Bauer sucht Frau« interessiert, erinnert sich vielleicht an Patrick Romer, der 2020 alle Zuschriftenrekorde und viele Herzen brach.

24 Die Fahrradbrücke

Der direkte Weg ins Paradies

Brückenspotter haben gegenüber Trainspottern den großen Vorteil, dass sie nicht warten müssen, bis eine Brücke vorbeikommt, sondern diese in der Regel fest verankert an genau beschriebener Stelle zu finden ist. Außerdem kann man oft von der einen schon die nächste spotten, so auch in Konstanz. Wer von der Alten Rheinbrücke nicht Richtung See und Alpen blickt, sondern rheinabwärts, sieht sie, die Konstanzer Fahrradbrücke.

Früher verkehrte eine Fähre zwischen dem Pulverturm am linken und dem Constanzer Wirtshaus am rechten Rheinufer. Seit 1991 ermöglicht nun die Fahrradbrücke den (fast) direkten Weg von Petershausen ins »Paradies«. Zugegeben, es ist etwas geschummelt, korrekterweise führt die Brücke in die Altstadt. Um in den Stadtteil Paradies zu gelangen, muss man, sobald man wieder festen Boden unter den Felgen hat, rechts abbiegen. Aber »direkt ins Paradies« klingt einfach schöner als »fast ins Paradies«, oder?

Die Brücke kann noch mehr als gut aussehen, Wege abkürzen und als gern genutzter »Insta-Point« für ein Selfie mit See und Bergen herhalten. Im August 2018 wurde im rechtsrheinischen Herosé-Park die erste Dauerzählstelle für den Radverkehr eingerichtet. Wer Lust hat, kann sich auf der Website der Stadt Konstanz zu den Livedaten durchklicken und erfährt so, wie viele Räder die Brücke an welchem Tag überquert haben. Warnung an alle radfahrenden Leser: Genau hier steht, geschützt von Bäumen und Zählstation, im Winter gern mal die Polizei und kontrolliert, ob auch alle die Lampen anhaben.

Für Brückenspotter hat die Fahrradbrücke aber noch ein besonderes Highlight: Man kann mit ihr kommunizieren! Sie verfügt sowohl über einen Twitter- als auch einen Instagram-Account sowie über eine eigene Website, und man kann ihr sogar auf Facebook schreiben. Mit ein bisschen Glück – und wenn man ein schönes Foto macht – bekommt man auch eine Antwort.

Adresse Fahrradbrücke, 78467 Konstanz | ÖPNV Bus 6, Haltestelle Ebertplatz | Öffnungszeiten immer zugänglich | Tipp Im Sommer sollte man unbedingt das Rheinstrandbad besuchen. Hier kann man, mit Blick auf die Altstadt, im ersten Rheinkilometer planschen (Spanierstraße 7, täglich 9–21 Uhr).

25 Die Fahrstuhl-Kunst

Licht – frisch geschnitten

Kunst im Fahrstuhl – das erwartet man nicht unbedingt. Das heißt aber nicht, dass es sie nicht gibt. Dem LAGO Shopping-Center setzte der Konstanzer Künstler Markus Brenner mit der ersten Ausstellung »Lichtschwimmer – Farbtaucher« die rosa Brille auf und überflutete den Konsumtempel mit einem regelrechten Farbrausch, indem er die Flächen des Centers mit Farbe und Licht versah. Dann rückten mit »Licht frisch geschnitten« die Fahrstühle ins Visier. Vermutlich ist den wenigsten Besuchern bewusst, dass sie Teil einer Installation sind, wenn sie in oder vor den Aufzügen verweilen. Zuschauer ist dabei, wer sich die weiße Aufzugsverkleidung von außen ansieht. Da aber ohne fahrende Aufzüge nichts passiert, wird der Aufzugnutzer zugleich auch zum Vorführer eines kurzen Lichtfilms, der sich über die verschiedenen Etagen erstreckt.

Jeder Aufzug hat einen Spot, der eine im Schacht angebrachte Metallverblendung anleuchtet. Aus dieser sind Löcher geschnitten, durch die das Licht bei der Vorbeifahrt auf die Außenhaut fällt und dort für einen flüchtigen Moment Figuren, Strichcodes und Gesichter erscheinen lässt. Für Markus Brenner war das Schöne bei der Umsetzung, dass ihm der Auftraggeber außer beim Budget völlig freie Hand ließ. So hat er kilometerweise Zeichnungen für die Schablonen aufgemalt und den Aufzug in 2-D und 3-D nachgebaut, bis er schließlich mit seinem »Fahrstuhl-Film« zufrieden war.

Die Frage, ob denn Kunst und Konsum so dicht beieinander funktionieren können, kontert der Künstler souverän: »Im Schnitt 23.000 Besucher werden im LAGO gezählt, Tag für Tag. So viele Betrachter hätte ich in keinem MoMA der Welt!«

Darüber hinaus passt Brenners Kunst zum Konzept des LAGO: Das Einkaufszentrum bietet nicht nur Handel, Gastronomie und Dienstleistungen unter einem Dach, sondern ist auch ein Platz für Kultur und Freizeit, Treffpunkt und Erlebnis gleichermaßen.

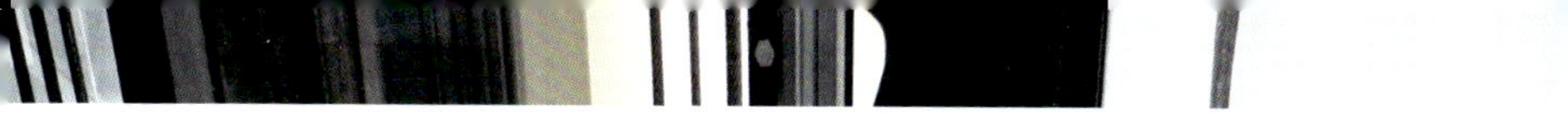

Adresse Bodanstraße 1, 78462 Konstanz | **ÖPNV** Bus 1, 2, 3, 5, 9A, 9B, 12, 14, 908, Haltestelle Bodanplatz | **Öffnungszeiten** Mo–Sa 10–19 Uhr | **Tipp** Brenners Markenzeichen sind Fische im Badeanzug. Das Kunstwerk »Fische im Amt« kann man vor dem Großen Sitzungssaal im Landratsamt Konstanz bestaunen (Benediktinerplatz 1, Mo–Do 8–12 und 14–16 Uhr, Fr 8–12 Uhr).

26 Der falsche Tissot

Die Genfer Kolonisten und die Uhrmacher

Mitte des 18. Jahrhunderts lebten etwa 4.000 Menschen in Konstanz, jeder zehnte davon war ein Geistlicher. Viele Häuser standen leer, und laut Augenzeugenberichten wuchs auf den verödeten Straßen Gras. Als Kaiser Joseph II. bei einem Besuch die Zustände erkannte, schritt er zur Tat. Er löste Klöster auf, riss bis auf drei Türme die Stadtbefestigung ein und erlaubte Genfer Emigranten, sich in Konstanz niederzulassen. Was dazu gedacht war, der darbenden Wirtschaft neue Impulse zu geben, wurde von den Konstanzern abgelehnt. Für sie waren die Mitglieder der »Genfer Kolonie« allesamt »fremde Frötzel« und dazu noch evangelisch.

Unter ihnen war auch ein französischer Uhrmacher namens Jean-Baptiste Tissot, der schon bald eine Konstanzerin heiratete und zu seinen Schwiegereltern in die Neugasse 24 zog. Da es den »Genfer Kolonisten« verboten war, einen »offenen Laden nach der Straße« zu führen, konnte er seinem Handwerk nur im Haus nachgehen. Hier erstellte er Rohrwerke, setzte sie zusammen und brachte sie dann zu einer örtlichen Uhrenfabrik. Immerhin durfte er Lehrlinge annehmen, er war für seine »besonders gründliche Ausbildung« weit über die Stadtgrenzen hinaus bekannt. Nach ihrer Einbürgerung konnten er und Sohn Franz Carl endlich eine richtige Uhrenhandlung mit Geschäftslokal in der heutigen Rosgartenstraße eröffnen.

Nach Jeans Tod machte Franz allein weiter, als auch er starb, musste die Mutter übernehmen, da Franz' Sohn noch auf Wanderschaft war. Als dieser nach seinen Lehrjahren zurückkam, war die väterliche Uhrenhandlung geschlossen. Der letzte Nachkomme der Tissots starb in den 1920er Jahren, daher gebührt der Familie die Ehre, von allen Genfer Kolonisten am längsten in Konstanz geblieben zu sein. Heute befindet sich im Haus der Tissots eine Goldschmiedewerkstatt.

Mit der weltbekannten Westschweizer Uhrenfabrik gleichen Namens haben sie übrigens nichts zu tun.

Adresse Neugasse 24, 78462 Konstanz | ÖPNV Bus 1, 2, 3, 4/13, 5, 6, 9A, 9B, 12, 13/4, 14, 908, Haltestelle Bahnhof | Öffnungszeiten von außen jederzeit | Tipp In der Neugasse 20 gibt es besonders süße Leckereien. Im »Nougatglück« werden per Hand Nougattafeln gefertigt – zeitlos gut!

27 Der Frauenpfahl

Die Damen werden ertränkt, die Herren gehängt

Schon in Dantes Inferno begegnet man dem »Säcken«, auch Kaiser Claudius soll ein großer Anhänger dieser Art der Hinrichtung gewesen sein. Der Verurteilte wurde dabei in einen Sack eingenäht und ertränkt, entweder in einem Fass oder in einem passenden Gewässer. Warum häufig noch unschuldige lebende Tiere wie Schlangen, Hühner oder Skorpione mit eingenäht wurden, wissen nicht einmal mehr die Chronisten. Dass es sich in Gesellschaft leichter stirbt, wagen wir hier mal zu bezweifeln, können es aber – Gott sei Dank! – mangels Erfahrung auch nicht beweisen.

Wenn man vom Konstanzer Hafen, am besten von der nicht zu übersehenden »Imperia« aus, auf den See schaut, entdeckt man eine weiße Kugel auf einem Pfahl. Etwas rechts davon lag auch schon früher der Hafen, dort, in Nähe der Kugel, befand sich das sogenannte »Luckenhäuschen«. Dies war ein vorgelagertes Gebäude, von dem aus Hafen und See überwacht werden konnten. Von dort war es möglich, hinaus auf den See zu »luegen«. Wichtig ist dieses Häuschen, weil es in einer alten geschichtlichen Topografie der Stadt erwähnt wird und damit auch den Pfahl mit der Kugel, den Frauenpfahl, verortet: »Vor dem Luckenhäuschen stand der sogenannte Frauenpfahl, welcher seinen Namen dem Umstand verdankte, dass bei ihm die Missetäterinnen in einen Sack eingenäht ertränkt wurden. Wie zum Beispiel am 9. November 1532 eine Diebin namens Apollonia.«

In Konstanz wurde vor allem Frauen, die als Ehebrecherinnen verurteilt worden waren, diese Strafe zuteil. Zuständig für die Gerichtsbarkeit war bis zum Mittelalter das Kloster auf der nahe gelegenen Insel Reichenau. Da die gesamte Insel aber heiliger Boden war, durfte dort niemand getötet werden. Daher fuhr man die verurteilten Männer mit einem Kahn nach Allensbach, um sie zu hängen, Frauen übergab man am Frauenpfahl dem, wie man glaubte, reinigenden Wasser.

Adresse im See vor dem Stadtgarten/Hafen, 78462 Konstanz | ÖPNV Bus 1, 2, 3, 4/13, 5, 6, 9A, 9B, 12, 13/4, 14, 908, Haltestelle Konzilstraße/Theater | Öffnungszeiten immer zu sehen | Tipp Nach einem Bummel entlang der Hafenstraße kann man trockenen Fußes in die Aquarien des SEA LIFE in der Hafenstraße 9 eintauchen, um das echte Unterwasserfeeling einmal selbst und ungefährlich zu erleben.

28 Der Frontline Skateshop

Kaufen beim Sk8-Papst

Wem die Begriffe Half Cabs, SK 8 oder Thrasher etwas sagen, der ist hier, im ältesten und einzigen Pro-Skateshop Deutschlands, richtig. »Pro« bedeutet Profi- oder Ex-Profi-geführt, denn Besitzer Bernt Jahnel war als Profi so erfolgreich, dass er zu den wenigen deutschen Skatern gehört, die man sogar in den USA kennt.

Ende der 80er Jahre hat er, um sich auf den Rollen halten zu können, damit angefangen, Material von seinen Sponsoren weiterzuverkaufen, zuerst aus dem Wohnzimmer, später dann als Shop-im-Shop in einem Surfladen. Der wurde aber schon bald zu klein, und so zog er mit seinem damaligen Partner recht schnell in ein eigenes kleines Ladenlokal. Vor etwa 20 Jahren ging es dann an den Münsterplatz. Als das Geschäft dort frei wurde, waren die Kriterien des Vermieters wie auf sie zugeschnitten: kein Döner, keine Gastro, kein Souvenirshop und am liebsten jemand aus Konstanz. Da konnten die Jungs als Einzige »Hier!« rufen und bekamen den Zuschlag.

Glücklicherweise war Skaten gerade am Boden und alles günstig zu bekommen. Als der Boom dann kurz darauf wieder anzog, konnten sie als Erste liefern, und so werden sie 2022 ihr 30-jähriges Jubiläum feiern. Was den Pro-Shop von anderen Skateläden unterscheidet, ist das Sortiment. Während die meisten Shops auf Klamotten und Schuhe setzen, die es natürlich auch gibt, hat man sich hier auf »Spezialkram« eingerollt. Wer Bretter und Rollen für die großen Halfpipes sucht, wird hier genauso fündig wie Sammler von Old-School-Material. Wer nett fragt, darf vielleicht sogar einen Blick auf Bernts gut bestückte Sammlung werfen, aus der schon einige Exponate leihweise in Skater-Museen zu bestaunen waren.

Wer mehr über Skaten in Beton-Bowls oder in Konstanz erfahren möchte, sollte Bernt oder Mitinhaber Matthias Gunkel ansprechen, auch ein Urgestein der Konstanzer Skater-Szene, und ein Stündchen Zeit mitbringen. Es lohnt sich.

Adresse Münsterplatz 2, 78462 Konstanz | ÖPNV Bus 1, 2, 3, 5, 9A, 9B, 12, 14, Haltestelle Laube/Niederburg | Öffnungszeiten Mo–Fr 11–18.30 Uhr, Sa 11–17 Uhr | Tipp Wer direkt losskaten will und für den Weg bis zur Rampe noch eine Stärkung braucht, sollte unbedingt das Angebot bei Mister Salami checken (Inselgasse 9).

29 Der Fuchshof

Backe, backe Kuchen, der Fuchshof hat gerufen!

Erst blüht es, dann wächst es, später werden die Früchte geerntet und mit viel Liebe direkt vor Ort auf dem Hof zu den tollsten Produkten verarbeitet.

Auf 23 Hektar wächst alles, was das Herz begehrt: von Äpfeln über Birnen, Kirschen und Zwetschgen bis hin zu Johannisbeeren, Himbeeren, Stachelbeeren und Erdbeeren – für noch mehr Spaß auch zum Selbstpflücken. Und weil man daraus nicht nur die besten Marmeladen wie Apfel-Birne-Calvados oder Himbeere-Cassis sowie Gelees und Säfte machen kann, gibt es seit Neuestem auch Aprikosen, Pfirsiche und Nektarinen, die in Form von Kuchen auf der hofeigenen Terrasse mit Blick über den Spielplatz ganz vorzüglich munden. Neben dem Hofladen befindet sich eine Besenwirtschaft. Hier kann man nach Vorbestellung zum Dünneleessen vorbeikommen. Für die Kleinen stehen jede Menge zahme und neugierige Ziegen sowie Alpakas zum Füttern und Streicheln bereit.

Der Fuchshof mit eigener Backstube ist seit nunmehr drei Generationen ein echter Familienbetrieb, welch ein Glück, dass auch die Schwiegertochter gelernte Konditorin ist! Wer in Konstanz einen Kuchen isst, kann fast davon ausgehen, dass er hier gebacken wurde. Regionalität wird großgeschrieben, verwendet werden ausschließlich Produkte aus der Umgebung, und auf Zusatzstoffe wird beim Hefezopf, den Marzipanrosen und den Hochzeitstorten natürlich verzichtet.

Wer Obst lieber in flüssiger Form zu sich nimmt, wird hier ebenfalls fündig. Der Hof hat schon lange das Brennrecht, und wie der Vater ist auch Sohn Benjamin Edelbrand-Sommelier. Er hat es sich zur Aufgabe gemacht, das »Altherren-Image« des Obstlers aufzupolieren. So gibt es diverse Obstbrände und den überraschenden »Dry Fox Gin« – spritzig, zitronig, mit Anklängen von Minze und weiteren Kräutern, den er als Abschlussarbeit kreiert hat. Aber auch der »Ladys Williams« sorgt beim Tasting für einen guten Abgang.

Adresse Im Langenberg 1, 78465 Dingelsdorf | ÖPNV Bus 4/13, Haltestelle Dingelsdorf Oberdorf | Öffnungszeiten Mo–Fr 8.30–18 Uhr, Sa 8.30–16 Uhr; Besenwirtschaft: März, April und Sept. auf Anfrage unter Tel. 07533/936680 oder info@fuchshof.de | Tipp Wer nicht extra nach Dingelsdorf radeln möchte, sondern in der Innenstadt Lust auf leckeren Fuchshof-Kuchen hat, kann das süße Backwerk in der Hafenmeisterei in der Hafenstraße 3 genießen.

30 Das Gasthaus Königsbau

Vom König zum Kleinen Buddha

Legenden haben den unschätzbaren Vorteil, dass man sich beim Erzählen nicht mit lästigen Fakten herumschlagen muss. Die um den Stadtteil Königsbau kann noch dazu mit einem echten König glänzen. Dass es sich dabei – selbstverständlich – um den Schirmherrn des Konzils, König Sigismund, handelt, wertet das Ganze noch mehr auf. Merke: Konzil und Konstanz, damit kann man fast alles unters Volk bringen.

Also: Es war einmal ein müder König, der während des vierjährigen Konzils mal hier, mal da sein gekröntes Haupt zur Ruhe bettete. Denn König Sigismund hatte tatsächlich kein festes Quartier in der Stadt. Eines Abends kehrte er mit seinen Mannen von einem Ritt nach Konstanz zurück und wollte nicht im wohl recht vollen Kloster Petershausen nächtigen. Stattdessen quartierte er sich bei einem einfachen Schankwirt ein. Damit sorgte er natürlich für allerlei Gesprächsstoff an den örtlichen Stammtischen. Über die Jahre wurden aus der gesicherten einen Nacht unter Einfluss von Wein und Gerstensaft mehrere Wochen oder gar eine halbe Regentschaft, die er hier angeblich verbrachte. So wurde irgendwann aus dem Wirtshaus der »Königsbau«, der dem Stadtteil dann seinen Namen gab. Tolle Geschichte, passt hervorragend nach Konstanz, stimmt aber vermutlich nicht.

An anderer Stelle findet sich folgende, deutlich plausiblere Erklärung: Franz König übernahm 1863 ein Torkelgebäude samt Weinpresse und machte daraus das »Gasthaus zum Königsbau«. Bis zum Anfang des 20. Jahrhunderts stand es hier allein auf weiter Flur und wurde später um ein dreigeschossiges Wohnhaus mit Festsaal und einen Biergarten erweitert. Nach und nach baute man dann den Stadtteil gewissermaßen um das Gasthaus herum.

Lange Zeit war hier das Chinarestaurant »Königsbau Kleiner Buddha« der Familie Hua Zhang zu Hause. Aktuell kann man im »Meera-Restaurant« Spezialitäten aus Singapur genießen.

Adresse Friedrichstraße 32, 78464 Konstanz | ÖPNV Bus 1, 2, 3, 4/13, 5, 6, 9A, 9B, 12, 13/4, 14, 908, Haltestelle Konzilstraße/Theater | Öffnungszeiten von außen immer zu besichtigen, Restaurant: Di–So 11.30–14.30 und 17.30–23 Uhr | Tipp Königlich schwitzen und auch schwimmen lässt es sich in der Therme Konstanz (Zur Therme 2).

31 Das Gasthaus Rheingarten

David vor Goliath

Man muss schon einiges an Phantasie mitbringen, wenn man heute die frühere Beliebtheit des damaligen Ausflugslokals nachvollziehen will, das ehemals das älteste rechts des Rheins war. Verbindet man doch mit solchen Lokalitäten eher idyllische Landschaften, Biergärten unter Bäumen oder am Wasser und keine Gaststätte, die eingequetscht zwischen einer mehrspurigen Straße, einer riesigen Brücke und hohen Bürogebäuden steht. Aber das denkmalgeschützte Gebäude, um das die Neubauten seltsam herumgruppiert sind, steht schon viel länger da als die oben genannten Beton- und Asphalteingrenzungen. Vermutlich wurde es 1606 errichtet und trug lange den Namen »Josuek« oder »Josiak«, abgeleitet vom Namen des damaligen Besitzers Jakob Rümmele, bevor es 1850 in »Rheingarten« umbenannt wurde. Vom 17. bis zum 20. Jahrhundert diente es als Ausflugslokal, mit Zugang zum nahen Seerhein.

Als es dann mit der Gastronomie vorbei war, eroberte eine Studenten-WG 1991 den heute abgerissenen Anbau und blieb deutlich länger als die ursprünglich anvisierten drei Monate. Aber wie so häufig halten Provisorien am längsten. Eingezogen mit der Ansage »für wenig Geld, bis auf Widerruf und ohne dass der Vermieter sich an Instandhaltungsarbeiten beteiligt«, wohnte der letzte Studi, mittlerweile mit seiner Familie, bis Ende 2018 in dem Gebäudekomplex. Geheizt wurde mit Ölöfen, sodass im Winter auch schon mal »kuschlige« fünf Grad im Schlafzimmer herrschten. Dafür konnten sie sich über die Jahre ungestört ein alternatives Wohnidyll erschaffen.

Danach rückten die Bagger an, übrig blieb bis heute nur der ehemalige Gasthof, der als steinerner David tapfer dem großen Goliath die Fassade bietet.

Wie es mit dem »Rheingarten« weitergeht, ist noch unklar. Zu hoffen bleibt, dass eines der wenigen erhaltenen Relikte vorindustrieller Baukunst des rechten Seerheinufers irgendwann doch noch stilgerecht renoviert wird.

Adresse Reichenaustraße 39, 78467 Konstanz | ÖPNV Bus 4/13, 13/4, Haltestelle Neue Rheinbrücke | Öffnungszeiten immer zugänglich | Tipp Ein anderes ungewöhnlich platziertes Gebäude findet man ein paar hundert Meter die Straße runter Richtung Innenstadt: eine Moschee samt Minarett neben einem Supermarkt (Reichenaustraße 30).

32 Das Georg-Elser-Denkmal

We can be heroes, just for one day

»Ich habe den Krieg verhindern wollen«, steht auf dem Denkmalsockel im Garten des heutigen Sozialzentrums Wessenberg. Die Elser-Büste ist ein vom Radolfzeller Bildhauer Markus Daum in Bronze gestaltetes Mahnzeichen.

Konstanz, 8. November 1939, 20.45 Uhr. Zollbeamte entdecken eine Gestalt im Wessenberg-Garten, kurz vor der Schweizer Grenze, und nehmen sie fest. In den Taschen des Mannes befinden sich Einzelteile eines Zünders, eine Postkarte mit der Innenansicht des Münchner Bürgerbräukellers und Uhrwerkteile.

München, 35 Minuten später. Eine Bombe explodiert im Bürgerbräukeller. Wäre es gelaufen wie jedes Jahr am 8. November, dann hätte Hitler noch gesprochen, doch diesmal verließ er den Saal 13 Minuten früher. In wochenlanger Kleinarbeit fertigt Georg Elser, Kunstschreiner und beruflicher Grenzgänger zwischen Konstanz und Bottighofen, Skizzen für den Sprengstoffanschlag an. Er bewirbt sich als Hilfsarbeiter im Steinbruch und stiehlt Sprengstoff, mit dem er Tests im Obstgarten seiner Eltern durchführt. Letztendlich bringt er, sechs Tage vor der Rede, die Ladung samt Zünder an einer der Tragsäulen des Bürgerbräukellers an und verlässt die Stadt, um dann zufällig hier auf vertrautem Terrain festgenommen zu werden.

Die Gerüchte über ihn halten sich bis nach dem Krieg. War er ein Agent und Werkzeug des britischen Geheimdiensts? Im KZ Dachau wird er als Sonderhäftling neben der SS-Wachstube untergebracht. Dies führt unter den Insassen zu dem Gerücht, Elser hätte als SS-Mann das Attentat zum Schein ausgeführt, um Hitlers Unverletzlichkeit hervorzuheben. Er wird am 9. April 1945 ohne Prozess durch einen Genickschuss hingerichtet. Erst mit der Ausstellung »Georg Elser und das Attentat vom 8. November 1939« findet er 1997 endlich seinen Platz in den Reihen der Widerstandskämpfer gegen das Naziregime.

Adresse Schwedenschanze 10, 78462 Konstanz | **ÖPNV** Bus 5, Haltestelle Döbeleplatz | **Öffnungszeiten** von außen jederzeit | **Tipp** Wer auch die alte Mainauwache besuchen möchte, die ehemalige Gestapo-Zentrale, in der Elser bis in die Morgenstunden verhört wurde, kann in die Mainaustraße 29 gehen. Heute befindet sich die Lehrrettungswache des Deutschen Roten Kreuzes in dem Gebäude.

33 Der goldene Adler

Falsche Federn und glamouröse Präsente

In den Räumen des ehemaligen »Hôtel de l'Aigle« geht es heute etwas weniger glamourös zu. Aktuell befinden sich hier eine Unternehmensberatung und ein Eiscafé, und wer möchte, kann sich auch dauerhaft Haare entfernen lassen. Wie die goldenen Inschriften unterhalb der Fenster verkünden, verkehrten hier früher exklusive Häupter.

Über allem thront der goldene Adler und beobachtet seit nunmehr rund 170 Jahren das Geschehen auf der Marktstätte.

Im Jahr 1815 zum Beispiel begrüßte die Stadt Konstanz Zar Alexander I., Kaiser von Russland aus dem Hause Romanow-Holstein-Gottorp, der hier im besten Haus am Platz abgestiegen sein soll. Nach Ende der Napoleonischen Kriege fanden einige Treffen im Zusammenhang mit der »Heiligen Allianz« statt, so auch das Treffen von Zar Alexander mit Kronprinz Ferdinand von Österreich. Das Konstanzer »Intelligenzblatt« berichtete, dass der Zar nicht wie auf der Inschrift behauptet im Gasthof, sondern bei Baron von Fingerlin, heute Haus Rheingasse 20, sein Nachtlager aufschlug. Marketingtechnisch hat sich der Adler also mit fremden Federn geschmückt. Doch woher kommt der »goldene« Vogel?

Die Nähe zur Schweiz war von jeher attraktiv und zog damals sowohl den niederen als auch den hohen Adel an. Kurze Zeit später begab sich Königin Hortense de Beauharnais von Holland hierher, die das Anwesen Seeheim in Konstanz und Schloss Arenenberg in Salenstein im Thurgau kaufte; in Letzterem ist heute das Napoleonmuseum untergebracht. So kam es, dass ihr Sohn, der spätere Kaiser Napoleon III., schon als Knabe einen Monat lang im »Adler« gastierte. Später kam er oft zum Kartenspielen mit Freunden hierher oder um sich in Gesellschaft von jungen Damen die Zeit zu vertreiben. Als er Kaiser wurde, gratulierte ihm eine Abordnung von Konstanzern, denen er den goldenen Adler als Zeichen seiner Anerkennung für die Wirtsleute schenkte.

Adresse Marktstätte 8, 78462 Konstanz | **ÖPNV** Bus 1, 2, 3, 4/13, 6, 9A, 9B, 12, 13/4, 14, 908, Haltestelle Bahnhof | **Öffnungszeiten** jederzeit | **Tipp** Hungrige können direkt gegenüber im ersten Obergeschoss der Brasserie Colette von Tim Raue standesgemäß essen gehen (Brotlaube 2a).

34 Der goldene Hydrant

Goldwasser, marsch!

Vielleicht war es die Begeisterung für die perfekte Proportion, für den nicht ganz so edlen Werkstoff, oder die Lust, ein besonderes Einzelstück zu fertigen, die vor über 30 Jahren den Goldschmied Hans-Joachim Baier auf die Idee brachte, den Hydranten an der Ecke vor seinem Ladengeschäft, der Goldschmiede, zu veredeln. Aus der »goldigen« Aktion wurde ein jährlich wiederkehrendes Ritual. Sobald es die Witterung zulässt, erstrahlt der Hydrant in neuem Glanz. Sucht jemand die Goldschmiede, dann muss er nur auf die Details achten, denn von oben hängt ein goldener Elefant herunter, und auf der Ecke steht der Hydrant.

Das Wort Hydrant kommt übrigens vom altgriechischen *hydōr* für Wasser, es handelt sich dabei um eine überdimensionierte Armatur zur Entnahme von Wasser aus einem Verteilersystem. Glänzen kann er auch als Teil einer zentralen Löschwasserversorgung, denn alle 100 bis 150 Meter gibt es eine Entnahmestelle. Da war die Brandbekämpfung in früheren Zeiten mittels Eimerketten deutlich härter. Unmengen von Eimern mussten von Hand zu Hand weitergereicht werden, bis sie am Brandherd zum Einsatz kamen. Dazu besagt die 1764 veröffentlichte »Feuer-Ordnung der Residenzstadt Dessau«: »Damit es auch an denen zum Löschen benötigten Eimern nicht fehlen möge, soll jedes Brauhaus sechs und jedes Budenhaus drei Feuereimer […] in gutem Stande zu haben schuldig sein …«

Für die Weiterleitung von Wasser wurden später hölzerne Rohre im Boden versenkt, sogenannte Pipen. Der Transport fand ausschließlich mittels Gefälle statt, was im Brandfall die schnelle Entnahme von Löschwasser erschwerte. Leichter wurde es mit Feuerspritzen, Sturmfässern, Löschteichen und später metallenen Wasserleitungen mit ständig verfügbaren Entnahmestellen.

Manchmal sind es eben die kleinen Dinge, die unsere Aufmerksamkeit erregen, sei es ein Ring, ein Hydrant oder, für alle Deichkind-Fans, »zum Frühstück Blattgold auf die Smacks«!

Adresse Wessenbergstraße 20, 78462 Konstanz | ÖPNV Bus 1, 2, 3, 4, 6, 9A, 9B, 12, 13/4, 14, 908, Haltestelle Konzilstraße | Öffnungszeiten immer zugänglich | Tipp Goldverzierte Törtchen gibt es im Rosgarten Café in der Rosgartenstraße 9.

35 Der Golfplatz Mainau

Car-in-one

»Das Golfspiel [...] ist der Sport der wohlhabenden Welt«, schreibt der Verkehrsverein Konstanz 1930, und genau die will man an den See bringen. Besonders zwei Hoteliers möchten das, mit der Begründung, dass insbesondere amerikanische und britische Gäste einen solchen Platz fordern. Als Ort dafür haben sie die bisherigen Rebgelände auf beiden Seiten der Zufahrt zur Insel Mainau im Blick. Geplant ist ein 18-Loch-Platz. Immerhin neun davon sind bis Juli 1931 fertig und können von den 35 Mitgliedern des »Konstanzer Golfclubs« bespielt werden.

Allgemein erlebt das Golfspiel einen Boom. Der Deutsche Golf Verband (DGV) schreibt über jene Zeit: »Man spielte Golf. Genauso wie man zur Arbeit oder am Sonntag zur Kirche ging.« Nach der Machtübernahme durch die Nazis werden weitere Turniere vor der Mainau ausgetragen. Der »Große Golfpreis« 1936 ist international besetzt, und die Gewinner des »Führertellers« (vermutlich Eisbein mit Sauerkraut) sind die Briten.

Doch schon ein Jahr später wird die Nähe des DGV zu den Nationalsozialisten offensichtlich. Eine Mitgliedschaft ist nur noch mit einem Nachweis eines Reichsbürgerbriefs möglich, der eine arische Herkunft bescheinigt. Was laut einem Schreiben des Golfclubs in Konstanz kein Problem darstellt: »Alle Mitglieder und Vorstand sind rein arisch ...«

Die Mitgliederzahl des Konstanzer Golfclubs schwindet zusehends. Drei Jahre nach Kriegsbeginn hat er nur noch 26 aktive Mitglieder, und die Finanzierung wird immer schwieriger. Zwei Jahre später will die Wehrmacht das Gelände für militärische Übungszwecke vereinnahmen, da ist es aber schon an den Besitzer einer Schafherde verpachtet. Nach Kriegsende läuft der Pachtvertrag mit der Mainau aus, und der Club löst sich auf. Heute befinden sich auf den ehemaligen Greens Parkplätze für die Besucher der Mainau, und jeder, der in einem Zug einparkt, kann sich über ein »Car-in-one« freuen.

Adresse Parkplatz Insel Mainau an der L 219, 78465 Konstanz | ÖPNV Bus 4/13, 13/4, 14, Haltestelle Mainau | Öffnungszeiten immer zugänglich | Tipp Im Biergarten St. Katharina im Mainauwald gibt es ein kühles Getränk. Einfach etwa 20 Minuten lang der Beschilderung vom Parkplatz aus folgen.

36 Der Grenzübergang

Wo es Geld zurückgibt

Dass Konstanz und Kreuzlingen tatsächlich zwei verschiedene Städte in zwei unterschiedlichen Ländern sind, hat erst die Coronapandemie wieder sichtbar gemacht. Auf einmal war dort, wo sonst Spaziergänger ungehindert flanieren und Jogger ihre Runden über Ländergrenzen drehen, wieder ein Zaun. Paare und Freunde wurden getrennt, und Studenten konnten nicht zur Uni. Als die Schweiz einen zweiten Zaun aufstellte, um die Distanzregeln zu gewährleisten, sorgte das neue Grenzgebilde weltweit für Schlagzeilen. Ausgerechnet dort, wo die Skulpturen der »Kunstgrenze« für ein freies Europa ohne Grenzen stehen, erblickten Menschen eine bewachte und unüberwindbare Absperrung.

Neben vielen anderen Aspekten der Konstanzer Geschichte, die sich um diese Ländergrenze drehen, spielt sie auch in wirtschaftlicher Hinsicht eine nicht unbedeutende Rolle im Leben der Bewohner. Da die Schweiz nicht in der EU ist, können sich Schweizer die deutsche Mehrwertsteuer erstatten lassen, was Einkäufe in Konstanz aufgrund des ohnehin schon starken Preisgefälles für sie sehr attraktiv macht. Solange der Warenwert über 50 Euro und unter 300 Franken liegt, bekommen sie Geld zurück und müssen zu Hause keine Steuern entrichten. Wer sich wundert, warum es in den hiesigen Drogeriemärkten so große Einkaufswagen gibt, hat jetzt die Antwort.

Die Kehrseite der Medaille: In Konstanz ziehen die Preise an, und in Kreuzlingen lohnen sich viele Geschäfte nicht mehr. Und damit kommen wir zum Grenzwachtposten Emmishofen und der Konstanzerstrasse, wie die Emmishofer Straße ab dem Grenzposten heißt. Sie ist geprägt durch leer stehende Ladenlokale, verwaiste Geschäfte und macht mehr und mehr den Eindruck eines Un-Ortes, ähnlich einer Verkehrsinsel in einem Industriegebiet. Es gibt ihn, aber keiner will hin. Wenn möglich, flanieren Sie einmal hinüber und wieder zurück und lassen die seltsame Atmosphäre auf sich wirken.

Adresse Emmishofer Straße 9, 78462 Konstanz | ÖPNV Bus 1, 2, 3, 9A, 9B, 12, 14, Haltestelle Schnetztor | Öffnungszeiten immer zugänglich | Tipp Ein Besuch des Seeburgparks lohnt sich. Er ist mit einer Länge von zweieinhalb Kilometern einer der bedeutendsten Bodenseegärten (www.kreuzlingen.ch).

37 Das Großfürstengrab

Ra-Ra-Rasputin

Gräber berühmter Menschen sind oft reich geschmückt oder mit riesigen Grabplatten verziert. Dieses hier liegt wenig pompös, fast unscheinbar, in einer Nische der barocken Schlosskirche, dafür hat es eine spannende Geschichte.

Der Großfürst Dmitri Pawlowitsch Romanow, Enkel des Zaren Alexander II., geboren 1891 in der Nähe von Moskau, machte auf sich aufmerksam, als er bei Olympia 1912 in Stockholm Platz fünf mit der Mannschaft und Platz neun solo im Springreiten erreichte. Außerdem wird aus seiner Idee eines russischen Sportwettbewerbs später die Spartakiade. Dazu kommt sein Schürzenjägertum, dem zum Beispiel auch Coco Chanel zum Opfer fällt. Aber einen Platz in der Geschichte hat er sich an anderer Stelle gesichert.

Dem Scharlatan Grigori Rasputin, einem ehemaligen Bauern und Kleinkriminellen aus Sibirien, gelingt es, zum Arzt, Priester, Psychiater und spirituellen Meister des Zaren Nikolaus II. aufzusteigen. Rasputin und Romanow treffen am 30. Dezember 1916 aufeinander, was nur einer von ihnen überlebt. Allerdings gestaltet sich der Mord an Rasputin schwieriger als gedacht, zumindest wenn man dem Attentäter Felix Jussupow glauben mag. Nachdem eine vergiftete Torte keine letale Wirkung erzielte, schoss Felix ihm dreimal in die Brust. Im Glauben, ihn getötet zu haben, lassen ihn die Verschwörer zurück, was Rasputin wiederum zur Flucht nutzt. Nachdem ihn die Truppe wieder eingeholt hat, wobei erneut geschossen wird, versenken sie ihn in der Kleinen Newa. Nun ist er wirklich tot.

Als Mitverschwörer wurde Romanow an die persische Front versetzt, was ihm wohl das Leben gerettet hat, da die meisten seiner Verwandten in der Heimat von Bolschewiken erschossen wurden. Er selbst starb in einem Sanatorium in Davos. Als auch seine Schwester Maria gestorben war, holte ihr Sohn Lennart Graf Bernadotte beide auf die Insel Mainau, und so liegen sie heute vereint in der Gruft der Schlosskapelle.

Adresse Schlosskirche St. Marien, 78465 Insel Mainau | ÖPNV Bus 4/13, 13/4, 14, Haltestelle Mainau | Öffnungszeiten Sonnenaufgang – Sonnenuntergang, Infos unter www.mainau.de | Tipp Unbedingt gesehen haben sollte man das zweitgrößte Schmetterlingshaus Deutschlands. Hier gibt es echtes Tropenfeeling und Nachtfalter mit bis zu 30 Zentimetern Flügelspannweite.

38 Die Haltestelle aus China

Warten auf Godot

Knapp 8.900 Kilometer östlich von dieser Bushaltestelle liegt Suzhou, das »Venedig des Ostens«. Es ist mit über 2.500 Jahren Geschichte eine der ältesten Städte im chinesischen Jangtsekiang-Becken und auch als »Seidenhauptstadt« bekannt. Etliche Kanäle durchziehen die Altstadt, unter anderem der berühmte Kaiserkanal, mit 1.800 Kilometern die längste von Menschen geschaffene Wasserstraße der Welt. Ob die Bushaltestellen dort alle in demselben Pavillonstil gebaut sind wie das Exemplar in der Konzilstraße, darf bezweifelt werden, aber zumindest vermitteln die Aufbauten und Verzierungen eindeutig ein asiatisches Flair beim Warten auf Godot oder den Bus. Wobei einem Haus, in dem man wartet, generell etwas Zenhaftes anhaftet.

»Oben im Himmel ist das Paradies, unten auf Erden sind die Städte Suzhou und Hangzhou« lautet ein chinesisches Sprichwort. Womit es neben der Lage nah am Wasser eine weitere Gemeinsamkeit mit Konstanz gibt, das einen ganzen Stadtteil namens »Paradies« sein Eigen nennt. Aber reichen solche Parallelen, um in einem Buch über Konstanz erwähnt zu werden? Natürlich nicht! Da muss schon mehr kommen, und es kommt auch mehr.

Seit 2007 sind Konstanz und Suzhou nämlich Partnerstädte. Neben den klassischen Schüleraustausch-Aktivitäten kooperieren auch die Hochschulen und die medizinischen Einrichtungen miteinander. Dazu findet zweimal im Jahr das China-Asien-Netzwerktreffen statt, bei dem die Zusammenarbeit vertieft werden soll. Böse Zungen behaupten, dass es dabei vor allem um den technischen Transfer in eine Richtung geht, aber dabei ist es wie so oft: Die einen sagen so und die anderen …

Wie dem auch sei, sichtbare Symbole dieser Partnerschaft sind die Bushaltestelle gegenüber dem Theater an der Konzilstraße im traditionellen chinesischen Pavillonstil und die in Suzhou aufgestellte Bodenseejolle »Konstanz«.

Adresse Konzilstraße, 78462 Konstanz | **ÖPNV** Bus 1, 2, 3, 4/13, 6, 9A, 9B, 12, 13/4, 14, 908, Haltestelle Konzilstraße/Theater | **Öffnungszeiten** immer zugänglich | **Tipp** Im nahe gelegenen Stadtgarten kann man sich bei Rosie's Pavillon einen Kaffee holen. Ein paar Meter weiter befindet sich das Kunstwerk »Grat-drehen-Stöcke-senkrecht-einfallen-Formationen-senken«.

39 Das Hecker-Relief

Kein Urlaub auf Balkonien

Balkone eignen sich für viele Dinge. Schon die Römer verwendeten sie, um wichtige Dinge zu verkünden oder das Volk zu befragen. Romeo und Julia nutzten die häusliche Auskragung als geheimen Treffpunkt für ihre romantischen Stelldicheins. Statler und Waldorf, die beiden Alten aus der Muppet Show, können von ihrem Logen-Balkon aus sicherer Distanz ihre Kommentare zu den Leistungen von Kermit dem Frosch abgeben, zum Beispiel: »Ist was passiert?« – »Weiß nicht, bin eingeschlafen!«

Ganz so schlimm war es bei den Zuhörern von Friedrich Hecker damals wohl nicht, aber dass sie Weltbewegendes geleistet hätten, kann man nicht gerade behaupten. Immerhin hat die ganze Aktion dem Balkon oberhalb des Reliefs zu einiger Ehre verholfen.

Womit wir mitten in der Badischen Revolution sind. Hier die Kurzform: Nach der Abdankung von König Louis Philippe wird die Republik ausgerufen, und es besteht Hoffnung auf Reformen in Baden. Konstanz setzt ein Komitee ein und beschließt Volksversammlungen. Demokratische Revolutionäre wollen nach Karlsruhe ziehen, der Mannheimer Advokat Friedrich Hecker betritt die Bühne, später den Balkon. Hecker trifft am 11. April 1848 in Konstanz ein und versucht am nächsten Tag, die Bürger bei einer Versammlung im Bürgersaal von seinen Ideen zu überzeugen, was ihm eher nicht gelingt. Er soll aber, so die Legende, einen Tag später von diesem Balkon die Republik ausgerufen haben, wofür es jedoch keine Belege gibt. 1998 hat der Berliner Künstler Johannes Grützke in seinem Hecker-Relief hier am Bürgersaal diese mutmaßlich revolutionären Ereignisse festgehalten.

Letztendlich zog Hecker mit einigen hundert Freischärlern los, um bei Kandern von den hessischen Truppen besiegt zu werden. Oder wie es die beiden vom Muppet-Balkon aus kommentieren würden: »Das war mal was anderes!« – »Ja, fürchterlich!« – »Aber was anderes!«

Adresse Sankt-Stephans-Platz 17, 78462 Konstanz | **ÖPNV** Bus 1, 2/12, 3, 9A, 9B, 12/3, 14, 203s, Haltestelle Bürgerbüro | **Öffnungszeiten** immer zugänglich | **Tipp** Wochenmarkt auf dem Sankt-Stephans-Platz ist immer dienstags und freitags von acht bis 13 Uhr. Hier sollte man sich bei »The Green Table« unbedingt einen peruanischen Kuchen mitnehmen.

40 Der Heidenbühl

Der ewige Kreislauf

Was haben ein Gemälde im Rosgartenmuseum und eine fast sechs Meter hohe Erhebung in Kaltenbrunn gemeinsam? Das Original ist ein keltischer Grabhügel, der im Volksmund den Namen Heidenbühl erhalten hat, wobei Bühl eine erhöhte Lage in der Landschaft bezeichnet. Die vermeintliche »Kopie« ist ein Ölgemälde von Josef Mosbrugger und Zeugnis desselben Kulturdenkmals aus der Hallstattzeit.

Der fast 3.000 Jahre alte Hügel liegt mystisch und dank der ehemaligen Bewaldung größtenteils unversehrt auf dem Bodanrück, einer Landzunge. Die durch die eiszeitlichen Drumlins, längliche Tropfenhügel, und die dazwischenliegenden feuchten Riede geprägte Hügellandschaft ist ein beliebtes Erholungsgebiet. Schon früh sind die mächtigen Erdhügel als von Menschen gemachte Bestattungsorte erkannt worden. 1864 wurde der mit knapp 40 Metern Durchmesser größte Hügel auf Befehl des Großherzogs Friedrich genauer untersucht. Bei der Aktion wurden Reste von 18 Gräbern, die alle kreisförmig um die Hügelmitte arrangiert worden waren, geborgen. Ein besonderer Fund ist ein gut erhaltenes Gürtelblech, verziert mit stilisierten Menschen- und Tierdarstellungen. Man geht davon aus, dass es sich um ein einen Fund aus einem reich ausgestatteten Frauengrab handelt. Über die zentrale Grabstätte in der Mitte des Hügels ist wenig bekannt.

Der Grabhügel mit seiner verborgenen Höhle sollte die Welt im Jenseits darstellen. Er symbolisiert den schwangeren Erdbauch einer sogenannten Landschaftsahnin. Nach damaligem Glauben kehrten die Toten in den Schoß von Mutter Erde und somit zum Ursprung des Lebens zurück. Der Kreislauf begann erneut, sobald die Lebenskraft der Erdgöttin einer Frau aus der eigenen Sippe eine »Kinderseele« schenkte, damit die verstorbene Seele wiedergeboren werden konnte.

Im Süden von Dettingen gibt es den Verenen- und den Ameisenberg. Letzterer ist geradezu mit Gräbern übersät.

Adresse nahe Gasthaus Mindelsee, Gemeinmärk 7, 78476 Allensbach | **Anfahrt** B 33 bis Allensbach, Richtung Wild- und Freizeitpark Allensbach, Parkmöglichkeiten beim Gasthaus Mindelsee | **Öffnungszeiten** immer zugänglich | **Tipp** Wer es etwas lebendiger mag, der kann im nahe gelegenen Wild- und Freizeitpark rutschen, klettern oder Tiere streicheln (Gemeinmärk 7, täglich 9–17 Uhr).

41 Das Hemdglonker-Graffiti

Von Glunken und Glonkern

Da sitzen sie in weißen Nachthemden im Schlafsaal des Jungen-Internats Stephansschule. Es ist 1882 und Fasnet, genauer »Schmotziger Dunschtig«. Man hört das Narrentreiben in den Gassen, und bei den Schülern gibt es kein Halten mehr. Heimlich klettern sie über die Mauern und mischen sich unters Narrenvolk.

Fünf Jahre später wird der Hemdglonkerumzug erstmals erwähnt, als in Weiß gekleidete Schüler mit Zipfelmützen und Fackeln, Töpfen und Schellen lärmend vor die Wohnungen ihrer Professoren ziehen und ihnen ihre Schrulligkeiten vorhalten. Eine neue Tradition ist geboren und breitet sich schnell im schwäbisch-alemannischen Raum aus. So sagt es die Legende aus dem 19. Jahrhundert.

Die Glunke ist im Mittelhochdeutschen eine baumelnde, hängende Locke, daraus wurde dann »glunken« beziehungsweise »glonken« im Sinne von herumschwanken oder -hängen. Ein Glonker ist ein Müßiggänger, wobei das alemannische Wort »glunker« so viel heißt wie verlottert oder gammelig, in Konstanz gibt es sogar einen Hemdglonkerkönig, den närrischen Herrscher über die Hemdglonker.

Das Graffiti wurde von der Stadt in Auftrag gegeben, die Vorgaben lauteten: hohe Aufenthaltsqualität, Individualität und weniger Reinigungskosten. Diese Herausforderung hat Grafikdesigner und Graffiti-Künstler Emin Hasirci angenommen. Das Werk entstand 2017 in Kooperation mit den beiden Künstlern Pablo Fontagnier und Antonio Basilico. Neben dem von ihm gesprayten Hemdglonker setzen Möwen gezielt Akzente und begleiten Passanten durch die Bärengraben-Unterführung mit Weitblick auf den Bodensee. Während die Möwen Richtung See fliegen, ist in Richtung Niederburg, dem ältesten Stadtteil von Konstanz, die Hemdglonker angeordnet. Dadurch entsteht ein Bezug zwischen Blickrichtung und Motiv. Mehr Motive gibt es auf der anderen Seite, für die Gestaltung der Rheinunterführung hat der Künstler insgesamt 235 Spraydosen verbraucht.

Adresse Bärengraben, 78462 Konstanz | ÖPNV Bus 1, 2, 3, 4/13, 5, 6, 9A, 9B, 12, 13/4, 14, 908, Haltestelle Konzilstraße | Öffnungszeiten immer zugänglich | Tipp »Urban Art Gallery«: Wer noch mehr von Emin Hasirci (Designstudio Eminent) sehen möchte, kann seine Kunst auch in der Unterführung Marktstätte bewundern.

42 Die Hochwassermarke

Vom Vulkan zum Laufrad

Dieser Vulkanausbruch hat Folgen für Konstanz und die ganze Welt. 1815 bricht der Tambora, 11.000 Kilometer entfernt, östlich der Insel Java in Indonesien aus. Der Explosivitätsindex liegt bei sieben, wobei acht das Ende der Skala markiert.

Aber was hat das mit der horizontalen Linie auf der Hochwassermarke an der Marktstätte 16 zu tun? Riesige Mengen von Asche und Schwefelteilchen werden in die Atmosphäre geschleudert, diese halten die Sonnenstrahlung ab. Die Staubteilchen werden durch den Jetstream um die ganze Erde verteilt und sorgen für Missernten und Hungersnöte. Große Regenmengen und Schneeschmelzen verursachen ein außergewöhnliches Hochwasser. Die Flut setzt Tägermoos, das Paradies und über die Hälfte der Marktstätte unter Wasser. Normalerweise liegt die offizielle Hochwassermarke bei 4,80 Meter, 1817 sind es 6,36 Meter. Angeblich konnte man aus den Fenstern der Häuser Fische fangen.

Durch das Naturereignis wurde aber auch die Kreativität angeregt: In der Malerei des Biedermeier entstehen Sonnenuntergänge, wie man sie nie zuvor gesehen hat – eine völlig neue Farbenpracht. Die besonderen Abendstimmungen inspirierten angeblich auch den Landschaftsmaler William Turner und Carl Spitzweg. Tambora könnte sogar an der Niederlage Napoleons bei Waterloo schuld sein, schließlich mussten seine Truppen mit all dem Regen und dem schlammigen Untergrund klarkommen.

Die englische Schriftstellerin Mary Shelley, die ihren »nicht vorhandenen Sommer« mit Lord Byron in Genf verbringt, lässt sich vom Wetter zu allerlei Schauergeschichten inspirieren, zum Beispiel zu ihrem Roman »Frankenstein«. Wem das an vulkanischen Fan-Theorien noch nicht reicht, der sollte sich eine 20-Euro-Silbermünze von 2017 besorgen und den Vulkan mit Rauchsäule im Hintergrund suchen. Angeblich führten Missernten und die Notschlachtung von Pferden sogar zur Erfindung des Laufrades von Karl Drais.

Adresse Marktstätte 16, 78462 Konstanz | ÖPNV Bus 1, 2, 3, 4/13, 5, 6, 9A, 9B, 12, 13/4, 14, 908, Haltestelle Marktstätte/Bahnhof | Öffnungszeiten immer zugänglich | Tipp Die vier großen Hegau-Vulkane kann man übrigens perfekt von der Terrasse des Napoleonmuseums in Arenenberg aus sehen. Was Heißes zu essen – mit Infos über den CO_2-Abdruck – gibt es im Voglhaus in der Wessenbergstraße 8.

43 Der Hussenstein

Der falsche Stein von Konstanz

Dass sich mit dem Konstanzer Konzil Geschäfte machen lassen, hat sich seit seiner Ausrichtung vor über 600 Jahren nicht geändert. So schleppt der Antiquar Joseph Kastell Anfang des 19. Jahrhunderts einen Stein, den er im Stadtteil Paradies gefunden hat, ins Rathaus. Da die Initialen »J. H« und die Jahreszahl »1415« eingraviert sind, ist zumindest ihm völlig klar, dass es sich nur um eine Erinnerung an den während des Konzils 1415 verbrannten böhmischen Reformator Jan Hus handeln kann. Der Gemeinderat, dem Kastell schon des Öfteren mit angeblichen Original-Überresten aus der Konzilzeit aufgefallen ist, zweifelt die Echtheit an. Neben Kastells Ruf erscheint auch die Schreibweise der Zahlen als zweifelhaft, nämlich als zu modern. Der Antiquar ist – natürlich – erbost und lässt den Stein im Rathaus, wo ein wütender Katholik ihn zerschlägt, damit nur keine Reliquie für den verhassten Reformator daraus würde.

Ein ehrenhafterer Versuch einiger Konstanzer Bürger, an Hus zu erinnern, scheitert dann 1838 an der Regierung des Großherzogtums Baden. Auch hier ist wohl die Angst vor einer Heroisierung ausschlaggebend. Einen neuen, erfolgreichen Anlauf gibt es 1861. Ein 35 Tonnen schwerer Findling wird aus dem benachbarten Hegne herbeigeschafft und im folgenden Jahr an dieser Stelle offiziell eingeweiht. Mit einem Dampfschiff und der Lutherkirche, die man beide nach Hus benennen wollte, hatte man weniger Glück.

Über den Ort der Hinrichtung und damit den Standort des Steins wurde lange gestritten. Es gilt als gesichert, dass die Verbrennung irgendwo hier stattgefunden hat, da an dieser Stelle früher eine Wiese war, auf der sonst nur Feste gefeiert wurden. Interessanterweise ist es auch der Ort, an dem Kastell seinen Hussenstein gefunden hat. Heute zieht der Findling vor allem Besucher aus Tschechien an und ist Schauplatz der jährlichen Gedenkfeier für die beiden Reformatoren Jan Hus und Hieronymus von Prag.

Adresse Alten Graben 5, 78462 Konstanz | ÖPNV Bus 1, 5, 9A, Haltestelle Döbelestraße | Öffnungszeiten immer zugänglich | Tipp Mehr über den Reformator kann man im Hus-Museum in der Hussenstraße 64 erfahren.

44 Der Innenhof am Rathaus

Wo Bello wacht und Maximus rotiert

Dass in einer Stadt wie Konstanz, die so reich an historischen Bauten ist, auch das Rathaus in einem solchen Gebäude seinen Sitz hat, ist nicht verwunderlich. Genauer gesagt ist es ein Ensemble aus mehreren historischen Gebäuden. Die Front zur Kanzleistraße hin bildet das ehemalige Zunfthaus der Leinweber mit seinen auffälligen Wandmalereien, die Szenen aus der Konstanzer Stadtgeschichte zeigen. Doch die wahre Schönheit dieses Ortes erschließt sich erst, wenn man den Innenhof betritt, am besten vom Blätzleplatz aus. Hier gibt es eine Tür, die den Eindruck vermittelt, jemand hätte sie versehentlich offen gelassen. Aber es ist ein offizieller Zugang, also nur Mut!

Sobald man den hinteren Teil des Innenhofes betreten hat, taucht man in eine verwunschene Oase der Ruhe ein, mehr oder weniger streng bewacht von »Bello«. Bello steht als Zeichen der Freundschaft, Verbundenheit und Treue an diesem Ort und wurde im Jahr 2010 im Rahmen der 50-jährigen Partnerschaft mit der Stadt Fontainebleau überreicht. Der hockende Hund ist die Replik einer berühmten Skulptur aus dem Garten des Château de Fontainebleau. Dort befindet sich ein Brunnen der Jagdgöttin Diana, die von vier Hunden umringt ist.

Folgt man nun dem Weg weiter durch den kleinen Garten, gelangt man durch die Arkaden des Hauses »Zum Thurgau« in den Innenhof, der im Stil der italienischen Renaissance gestaltet wurde. Hier laden zwei verschattete Bänke im Sommer dazu ein, die in der vollen Stadt sonst so seltene Ruhe zu genießen.

Dabei kann man sich noch an dem gegenüberliegenden Kunstwerk »Circus Maximus« des Reichenauer Künstlers Karl-Heinz Barsch erfreuen. Seine kinetische Figur, bestehend aus dem, was andere aussortiert oder weggeschmissen haben, stellt wichtige Themen aus der Stadt dar. So entdeckt man Verweise auf den See, das SEA LIFE, die Fasnacht und das Rathaus.

Adresse Kanzleistraße 13/15, 78462 Konstanz | ÖPNV Bus 1, 2, 3, 4/13, 5, 6, 9A, 9B, 12, 13/4, 14, 908, Haltestelle Bahnhof | Öffnungszeiten zu den Ladenöffnungszeiten | Tipp Mehr Spielereien für Klein und Groß gibt es im »Seetroll Comics und Spiele« in der Zollernstraße 22, dem Mekka für alle Liebhaber von Rollen-, Brett- und sonstigen Spielen.

45 Kapitän Franz Romer

Mit dem Faltboot nach Amerika

Eine schlichte Gedenktafel ziert den Eingang der Dettinger Ortsverwaltung. Abgebildet ist das Porträt von Franz Romer, einem von hier stammenden Bauernsohn mit einer Vision. Er ist auf der Suche nach etwas Außergewöhnlichem, etwas, das ihn berühmt machen soll, doch wie kriegt man den perfekten Kick?

Wir schreiben das Jahr 1928. Nach dem Krieg sind die Bürger auf der Suche nach neuen Helden. Da Charles Lindbergh ein Jahr zuvor seinen Nonstop-Flug von New York nach Paris, einmal quer über den Atlantik, erfolgreich durchgezogen hat, braucht Romer für seine Atlantiküberquerung ein anderes Transportmittel. Seine Wahl fällt auf ein segelfähiges Klepper-Boot, ein extra für ihn in Rosenheim angefertigtes Faltboot. Das 6,40 Meter lange und einen Meter breite Kanu wiegt 73 Kilogramm und muss nicht nur Wind und Wellen standhalten, sondern auch den Proviant für zwei Monate transportieren.

Das Faltboot ist eine Münchner Erfindung. Alfred Heurich, ein Architekturstudent, baut 1905 das erste Boot aus einem Bambusgerüst und überspannt es mit Leinwand. Vorbild dafür sind die Kanus der Inuit. Zwei Jahre später erwirbt der Rosenheimer Schneidermeister Johann Klepper die Lizenz von Alfred Heurich und verkauft daraufhin seine Boote in die ganze Welt.

Am 19. Juni ist es dann so weit, Romer startet seine große Fahrt in Lissabon, fährt von Las Palmas auf Gran Canaria in nur 58 Tagen auf die Karibikinsel Saint Thomas. Stürme und Flauten, brennende Sonne, Durst, Delphinangriffe und klarer Sternenhimmel begleiten seine Reise, doch er überquert als Erster den Atlantik. Zum Verhängnis wird ihm ein Pressedeal, der vorsieht, sich in New York zu treffen. Im September sticht er erneut in See, trotz Orkanwarnung, und somit bleibt einer der ersten Adrenalinjunkies für immer verschollen. Bis 1939 werben die Klepperwerke noch mit: »Fahre fröhlich in die weite Welt, mit Klepper-Mantel, -Boot und -Zelt«.

Adresse Kapitän-Romer-Straße 4, 78465 Konstanz-Dettingen | ÖPNV Bus 4, 13, Haltestelle Ortsmitte | Öffnungszeiten immer zugänglich | Tipp Von hier ist es nicht weit bis zum höchsten Punkt von Konstanz beim Rohnhauser Hof in der Langenrainer Straße 101. Und wer mehr Kick sucht, kann im Seepark Fließhorn (Am Fließhorn 1) in Dingelsdorf ein Kanu ausleihen und einfach mal die Paddel eintauchen.

46 Die Karriereleiter

Bück dich hoch!

Dass Peter Lenk mit aller Macht versucht, sich überall Freunde zu machen, kann man mit Blick auf seine Werke wirklich nicht behaupten. Ob Martin Walser als unvorteilhafter Bodenseereiter in Überlingen, der vierfache Rudolf Scharping mit gut »gebeulter Hose« auf einem U-Boot in Stockach oder ein weit über das Normalmaß hinausgehender Phallus in Berlin – Germany's Next Lieblingskünstler wird man so nicht. Aber Konstanz wäre ohne Lenk um eine Hauptattraktion ärmer. Für viele ist die im Hafen stehende »Imperia« das Wahrzeichen von Konstanz. Die neun Meter hohe Kurtisane, die zwei zwergenhafte Männlein, eines mit Königskrone und eines mit päpstlicher Tiara, auf Händen trägt, erinnert satirisch an das heute noch allgegenwärtige Konzil von Konstanz, das hier von 1414 bis 1418 stattfand.

Auch bei der »Karriereleiter« geht es um Satire, wie unschwer zu erkennen ist – wenn man sie denn findet. Den besten Blick hat man von der Brücke Oberlohnstraße, oder man versucht, vom zugänglichen Parkplatz der vorgelagerten Autovermietung freie Sicht zu bekommen. Hat man das Kunstwerk erspäht, erschließt sich einem recht schnell, warum das Berliner Pendant vom Vorstand in einer Nacht-und-Nebel-Aktion abgeflext und »an einen Interessenten ausgeliehen« wurde. Dieser entpuppte sich dann als Schrotthändler, und der Ärger war vorprogrammiert.

In Konstanz hat sich das Kunstwerk gehalten, und so kann man den in Beton gegossenen Konkurrenzkampf der Angestellten auf dem Weg nach oben bewundern. Einer ist schon ganz oben angekommen und betrachtet von der Spitze aus mit einer Taschenlampe die nachkommende Konkurrenz. Nummer zwei versucht, ein Überholen von Nummer drei mit Hilfe von Tritten auf dessen Kopf zu verhindern.

Der Künstler möchte damit das »Peter-Prinzip« veranschaulichen, nach dem in einer Hierarchie jeder Beschäftigte bis zur Stufe der Unfähigkeit aufsteigt.

Bück dich hoch, ja!

Adresse Max-Stromeyer-Straße 116, 78467 Konstanz | ÖPNV Bus 6, 15, Haltestelle Stadtwerke | Öffnungszeiten immer zugänglich | Tipp Wer sich stärken will für den Sturm auf die Karriereleiter, der findet allerlei gerollte Köstlichkeiten in der Sushi-Bar Tatsumi in der Wollmatinger Straße 70b.

47 Die Kindlebildkapelle

Zwischen zwei Welten – direkt am Kreisverkehr

Laut kirchlicher Lehrmeinung des Mittelalters haftete ungetauft verstorbenen Kindern der Makel der Erbsünde an, mit drastischen Folgen. Ohne Taufe war eine kirchlich-feierliche Bestattung mit Gebeten verboten, und im Jenseits wurde es noch schlimmer. Hier landeten sie im »Limbus puerorum«, der Vorhölle, einem Ort zwischen Himmel und Hölle, aus dem es kein Entrinnen gab, weder Gebete noch Spenden der Hinterbliebenen konnten das Schicksal zum Guten wenden.

Aber auch diese armen Seelen mussten begraben werden, was eben nur nicht in geweihter Erde geschehen durfte. Da die Klosterinsel Reichenau in Gänze als heilig galt, konnte auf ihr kein ungetauftes Kind beerdigt werden. Die kleine Kapelle vor dem Damm, der auf die Insel Reichenau führt, wird »Kindlebildkapelle« genannt. 1644 wurde sie von einer Rosenkranzbruderschaft errichtet, zuvor gab es an ebendieser Stelle einen Bildstock, der ein solches Begräbnisfeld vermuten lässt. Handfeste Beweise dafür gibt es allerdings nicht. Auch wurden bei Probegrabungen im Vorfeld der Straßenbauarbeiten keine Funde, die das belegen würden, gemacht.

Da die Kapelle lange Zeit nur durch eine Gittertür verschlossen war, schädigten Umwelt und Autoabgase das Innere, bis eine Spendenaktion 2019 die Renovierung in Gang setzte. Um an diesem vom Verkehr umtosten Ort ein wenig Aufenthaltsqualität zu schaffen, wurden ein kleiner Platz mit Bänken sowie eine WC-Anlage gebaut. Im Inneren finden sich neben dem Sandsteinaltar mit der eingemeißelten Jahreszahl 1644 noch die Drachenkämpfer St. Michael und St. Georg, die den Inselzugang vor allem Bösen schützen sollten. Auch wenn es den Damm erst seit Mitte des 19. Jahrhunderts gibt, konnte man doch, vor allem bei Niedrigwasser, leicht auf die Insel gelangen. Eine trauernde Maria gehörte ursprünglich zu einem Kruzifix, das jetzt in der Mittelzeller Schatzkammer aufbewahrt wird.

Adresse Kreisverkehr Pirminstraße/Kindlebildstraße, 78479 Reichenau | ÖPNV zum Beispiel mit SBB 32854 vom Bahnhof Konstanz zum Bahnhof Reichenau | Öffnungszeiten außen immer zugänglich | Tipp Machen Sie einen Spaziergang über den Damm entlang der Allee auf die Insel Reichenau. Auf dem Weg findet man auch die Tafeln des Naturlehrpfades. Hier startet übrigens die deutsche Alleenstraße.

48 Die Kleingärten Tägermoos

Ein deutsches Stück Schweiz

Ein historisches Kuriosum sorgt im März 2020 dafür, dass 400 Kleingärtner aus Konstanz nicht auf ihren gepachteten grünen Parzellen säen und jäten können. Das deutsche Kleingärtnerherz blutet, als 75 Jahre nach Ende des Zweiten Weltkriegs die Grenze wieder schließt. Es wird hart verhandelt, doch lediglich die Paradieser Bauern, die auf den Feldern im Tägermoos Biolandbau betreiben, werden wieder durchgelassen.

Wie ist so was überhaupt möglich? Wer in Konstanz, Tägerwilen oder Kreuzlingen seinen Hauptwohnsitz hat, kann sich auf eine Liste setzen lassen, ziemlich lange warten und mit sehr viel Glück einen dieser 400 Gärten irgendwann einmal pachten.

Das Tägermoos selbst ist ein 1,6 Quadratkilometer großes Gebiet und schließt direkt an den Stadtteil Paradies an. Im Frühmittelalter noch im Besitz des Bistums Konstanz, schenkt Bischof Hermann I. von Arbon das Gelände dem Schottenkloster St. Jakob. 1294 kaufen Rat und Gemeinde der Stadt Konstanz die Wiesen im Tägermoos dem Kloster ab, um sie als Allmende, als gemeinschaftliche Viehweide, zu nutzen, bis mit dem Zusammenbruch der Eidgenossenschaft und der Gründung der Helvetischen Republik 1798 ein Schweizer Nationalstaat entsteht. Das Tägermoos wird der Schweiz zugesprochen, während die gewohnheitsmäßigen Eigentums- und Nutzungsrechte der Stadt Konstanz erhalten bleiben. 1800 wird es dann vermessen und in Parzellen aufgeteilt, die unter den Bürgern verlost und verpachtet werden. Seit 1831 hat das Tägermoos diesen speziellen Status. Obwohl der Schweiz zugehörig, ist das Tägermoos eine Gemarkung der deutschen Stadt Konstanz.

2006 kündigten die Gemeinden Konstanz, Tägerwilen und Kreuzlingen an, dass sie den alten Staatsvertrag überarbeiten wollen, was noch einigen verwaltungstechnischen Aufwand erfordern wird. Bis es so weit ist, kümmern sich hoffentlich die Schweizer Gartenfreunde beim nächsten Lockdown um Kraut und Rüben!

Adresse An der Zweiten Straße, An der Dritten Straße, CH-8274 Tägerwilen | **Anfahrt** B 33 nach Süden, rechts auf Gottlieber Straße, dann Route 16 | **Öffnungszeiten** jederzeit | **Tipp** Traurige Berühmtheit erlangte der Spazierweg am Seerhein, als der große Entertainer Udo Jürgens 2014 hier seinen letzten Weg antrat, zusammenbrach und starb. Einmal den Weg zur verträumten Seerhein-Schenke Kuhhorn in der Konstanzerstrasse 115a in Tägerwilen zurücklegen und mit »Griechischer Wein« auf den Lippen anstoßen.

49 Die Konradsfigur

Von der Mitra zum Mietrad

Wer sich längere Zeit in Konstanz aufhält, dem entgeht kaum, dass an jedem zweiten Haus ein Wandgemälde prangt oder alternativ eine Figur angebracht ist. Natürlich haben all diese Verzierungen eine Geschichte, nicht anders als die hier befindliche Konradsfigur, bei der man die eigentliche Hauptprotagonistin nur noch schwer erkennt: eine Spinne. Leider ist nicht überliefert, mit welchen Absichten sie sich eines Ostertages in den Messweinkelch abgeseilt hat, aber ihr Auftritt ist bis heute in Erinnerung geblieben.

Jene Spinne, die natürlich giftig war, nahm ein Bad im geweihten Messwein von Bischof Konrad, als dieser den Becher an die Lippen setzte und, ganz auf Gott vertrauend, in einem Zug austrank, sehr zum Erstaunen und zur Bestürzung der versammelten Kirchgänger. Aber der Bischof überlebte den Wein mit Einlage und soll – so die Legende – beim folgenden Mittagsmahl auch der Spinne ihren hinterlistigen Mordversuch verziehen haben. Mit den Worten »Es fehlt noch ein Gast« kündigte Konrad sie an, und sie krabbelte aus seinem Mund.

Noch heute wird der mittlerweile heiliggesprochene Konrad mit einem Kelch in der Hand dargestellt, an dessen Rand eine Spinne sitzt. Leider ist bei der hier angebrachten Figur Konrads die Spinne dem Zahn der Zeit zum Opfer gefallen. Aber Bischof Konrad verdankt die Stadt nicht nur diese nette Anekdote, sondern auch einige Kirchen, Krankenhäuser und Hospize, die er aus seinem geerbten Privatvermögen finanzierte. So errichtete er nach dem Vorbild Roms einen Kranz von Kirchen rund um das Münster. Dazu noch eine Kapelle, in der eine Nachbildung des Heiligen Grabes zu sehen ist. Die Kapelle wiederum ist der Jerusalemer Grabeskirche nachempfunden, die an der Stelle erbaut wurde, an der Jesus nach der Kreuzigung bestattet wurde.

Das Reliquiar für seinen Kopf, zwei Statuen im Münster und ein Mietradservice namens »KonRad« erinnern ebenfalls an den Heiligen.

Adresse Konradigasse 5, 78462 Konstanz | ÖPNV Bus 1, 2, 3, 5, 9A, 9B, 12, 14, Haltestelle Laube / Niederburg | Öffnungszeiten immer zugänglich | Tipp Mieten Sie stilecht ein »KonRad« und unternehmen Sie eine kleine Radtour am Seeufer Richtung Mainau oder Reichenau. Oder besuchen Sie die steinerne Konradstatue am Rheinsteig.

50 Das Konzilgebäude

Vom Konklave im Kaufhaus zur »Patronentasche«

Das »Konzil« ruht wie ein Fels in der Brandung inmitten der touristischen Massen.

Initiiert wurde der Bau von einer Delegation mailändischer Händler, die mit Konstanz einen Handelsstützpunkt für die Route über die Alpen vereinbarten. Das aus Natursteinen gemauerte Gebäude mit dem imposanten Walmdach ist der größte noch erhaltene Profanbau Süddeutschlands und wurde als Kaufhaus und Warenlager von »Meister Arnold« direkt am See auf Hunderten von Eichenpfählen errichtet. Kräne ragten aus den Erkern des Gebäudes in den See, sodass von den Schiffen direkt in die oberen Stockwerke geliefert werden konnte. Ursprünglich von drei Seiten von Wasser umgeben, nannte man das Kaufhaus auch Gredhaus, in der Nähe der beiden Handelsplätze Marktstätte und Fischmarkt strategisch ideal gelegen.

Im Jahr 1417, während des Konstanzer Konzils, fanden die großen Sitzungen im Münster statt. Doch im dritten Jahr schloss man alle wahlberechtigten Kardinäle in dem spionagesicher umgebauten Kaufhaus ein, bis der neue Papst gewählt war. Viele Jahre später eröffnete 1824 Josef Kastell im Konziliumssaal unter dem Namen »Altertumshalle« ein privates Antiquitätenkabinett mit angeblich originalen Erinnerungsstücken vom Konzil. Der Ort war beliebt, und bald hieß das Gebäude nur noch »Conziliumsgebäude«. Durch die Aufschüttung des Stadtgartens verlor es 1840 seine direkte Ufernähe, und ab 1863 trennte dann die Bahn das Gebäude von der Innenstadt – wobei sogar kurzfristig ein Schienenstrang durch das Haus gelegt wurde. Die Zollbehörde zog ein und wurde im Osten um die sogenannte »Patronentasche« erweitert, die wahrscheinlich so heißt, weil der Anbau die Assoziation eines um die Hüfte geschnallten Gürtels weckt.

Seit 1912 wird es als Restaurant, Festsaal und Kongresszentrum genutzt, in der Patronentasche befinden sich die Konzilgaststätten mit Terrasse. Heute wird das Gebäude schlicht »Konzil« genannt.

Adresse Hafenstraße 2, 78462 Konstanz | ÖPNV Bus 1, 2, 3, 4/13, 5, 6, 9A, 9B, 12, 13/4, 14, 908, Haltestelle Bahnhof | Öffnungszeiten täglich 12–22 Uhr | Tipp Wer genug vom touristischen Trubel am Hafen hat, kann direkt am Ufer den nördlichen Planetenweg zum Bodensee Planetarium entlangpilgern. Einstieg ist normalerweise an der Therme (Breitenrainstrasse 21, 8280 Kreuzlingen, Mi, Sa, So nachmittags, www.bodensee-planetarium.ch).

51 Die Kuhhaut

Viel »Plapla«

Neben den Wunderszenen aus dem Leben Jesu an den Wänden des Langhauses der Kirche St. Georg sticht das Fresko im Vorchor links, auf der Frauenseite, ins Auge. Es stammt von den Anfängen des 14. Jahrhunderts und soll ein Kommentar zur »Schwatzhaftigkeit von Frauen« sein. Vier Teufelchen tragen eine Kuhhaut, ein fünfter sitzt mit gekreuzten Beinen da und liest drei Vers-Paare: »Ich will hier schreiben von diesen dummen Weibern. Was hier wird Plapla gesprochen. Üppiges in der Woche. Das wird alles wohl gerächt. So es wird vor den Richter gebracht«.

Sie nehmen Bezug auf inhaltsleeren Klatsch und Tratsch. Nicht ganz gendergerecht, Männer nicht vors Jüngste Gericht zu ziehen, aber am oberen Rand der Kuhhaut sind es zwei Fräuleins, die miteinander reden. Über den beiden hängt eine Lampe mit drei Kreuzen, vermutlich ein Hinweis auf eine Kirche als Schauplatz der Unterhaltung. Haben Sie sich schon mal gefragt, woher die Redewendung »Das geht auf keine Kuhhaut« eigentlich stammt?

Erklärungen gibt es viele. Geht man sehr weit zurück, stößt man auf eine Geschichte, in der sich Königin Dido von Karthago so viel Land erbittet, wie auf eine Kuhhaut passt. Als man dem Wunsch zustimmt, schneidet sie die Kuhhaut in dünne Streifen, legt diese aneinander und bekommt so ein riesiges Stück Land zugesprochen. Das ist aber weder eine »geschwätzige« noch eine kirchliche Version.

Bevor im 12. Jahrhundert das Papier in Europa Einzug hält, schreiben die Menschen auf Pergament, also auf Tierhaut. Im Mittelalter glaubte man, dass der Teufel auf einem Pergament eine Liste aller Sünden anfertigt, um beim Kampf um die Seelen Verstorbener »Beweismaterial« zu haben. Üblicherweise wurde Pergament aus den Häuten von Schafen oder Ziegen hergestellt. Passte das Sündenregister nicht mal mehr auf ein Kuhfell, fiel es dem Teufel wahrscheinlich leicht, die Seele zu bekommen.

Adresse Kirche St. Georg, Seestraße 2, 78479 Reichenau | **ÖPNV** Bus 204, Haltestelle Reichenau Museum | **Öffnungszeiten** wegen Restaurierungsarbeiten eingeschränkte Besuchszeiten, Infos unter www.kath-reichenau.de | **Tipp** Wer sich über die kulturhistorische Bedeutung der Reichenau informieren möchte, kann das im Museum Reichenau gleich an vier Standorten tun (Ergat 1, www.museumreichenau.de).

52 Das Kulturdenkmal Uni

Klein-Harvard auf dem Gießberg

Studieren, wo andere Urlaub machen, lernen mit Blick auf den Bodensee, Segeln als Seminarschein, und fast jeder fünfte Einwohner ist ein Kommilitone.

Die Idee, in Konstanz eine Universität ins Leben zu rufen, begann mit einem Schmierzettel. Der damalige Ministerpräsident Georg Kiesinger steckte 1959 dem Konstanzer Landrat bei einem Bauerntreffen das Papier zu. Darauf stand, dass er Konstanz als Standort vorschlage. In der Folge entsteht ein einmaliges Gebäudegeflecht, das die Auffassung von »gebauter Forschung und Lehre« widerspiegelt. Im Herzen der Anlage eine gemeinsame, für alle Fächer eingerichtete Bibliothek, die rund um die Uhr geöffnet ist. Das Ensemble ist ähnlich einer Stadt mit Plätzen und Gassen aufgebaut: je gemeinschaftlicher die Funktion, desto zentraler die Lage. Die grundlegende Gestaltungsidee basiert auf einer »Agora«, einer Art Marktplatz, und zahlreichen kleinen Verweilorten. Der Gebäudekomplex mit seinen Räumen der Begegnung wird 1974 mit dem Hugo-Häring-Preis für Architektur ausgezeichnet und 2011 als Kulturdenkmal in die Liste der unbeweglichen Bau- und Kunstdenkmale des Landes Baden-Württemberg aufgenommen.

Die Universität mit Kunst am Bau ein Kulturdenkmal? Ausschlaggebend war die Verabschiedung von der Kunst am Bau als Applikation. Wettbewerbe wurden ausgelobt, und durch die Durchdringung von Architektur durch Kunst und Landschaft entstand ein einzigartiger Dialog.

Konstanz wird im Rahmen der bundesweiten Exzellenzinitiative 2012 erneut zur Exzellenzuniversität. Die ehemalige Exklusivität, die sich auf die Studiengänge und die Anzahl der Studierenden bezog, öffnet die Tür zur Erweiterung von »Klein Harvard«. In der Stadtgeschichte gilt die Gründung der Universität als eines der wichtigsten Ereignisse überhaupt, und der Schmierzettel aus dem Jahr 1959 ist sicherlich nicht der einzige Spickzettel geblieben.

Adresse Universitätsstraße 10, 78464 Konstanz | ÖPNV Bus 9A, 9B, 9C, Haltestelle Haupteingang Universität; Bus 4, Haltestelle Egg/Universität | Öffnungszeiten jederzeit zugänglich | Tipp Für neugierige Zuschauer oder Balancewillige, die es mal ausprobieren wollen, gibt es den Slacklinepark im Wassersportzentrum (Mainaustraße 252).

53 Die Kunstgrenze

Magier, Herrscherin, Narr – die Karten lügen nicht

Vor über 100 Jahren galt das benachbarte schweizerische Kreuzlingen als Gartenvorstadt von Konstanz. Mangels eigenem Wochenmarkt versorgten sich viele Eidgenossen in Konstanz mit Obst, Gemüse und allem, was sie sonst noch brauchten. Es wurde gemeinsam gefeiert, einander geholfen und sogar grenzüberschreitend geheiratet. Erst 1918 entfremdete man sich, und nach 1933 gingen die alten Gemeinsamkeiten verloren. Es wurde ein Grenzzaun errichtet, der bis ins neue Jahrtausend nicht hinterfragt wurde.

Im August 2006 beschließen die Stadtoberen beider Städte: »Der Zaun muss weg«, und reißen ihn ein. Um dem Ganzen etwas mehr Symbolcharakter zu geben und weil Kunst sich dafür immer gut eignet, beauftragt man den Maler und Objektkünstler Johannes Dörflinger, der 22 Skulpturen aus Edelstahl entwirft, die seit 2007 direkt auf der Grenzlinie stehen und so eine Kunstgrenze bilden. Sie stellen die Trümpfe der Tarotkarten dar und sollen die Bedingungen menschlicher Existenz symbolisieren. So findet man den Magier, die Herrscherin, den Narr, den Gehängten oder das Glücksrad am Seeufer. Wer im Legen der Tarotkarten bewandert ist, kann sich ja mal an der Deutung der eigenen Zukunft versuchen.

Eine so »große« Gelegenheit wird man so schnell nicht wieder bekommen. Alle anderen können sich an eigenen Interpretationen Ihrer Zukunft versuchen. Genug Raum dafür bieten die Karten auf jeden Fall.

Zu trauriger Berühmtheit gelangte dieser Ort, als während der Coronapandemie im Zuge der Grenzschließungen im April 2020 erneut – zwischen den Skulpturen – ein richtiger Grenzzaun errichtet wurde. Nachdem sich trotzdem immer mehr Menschen hier versammelten, baute man auf Schweizer Seite eine zweite Absperrung. Bleibt zu hoffen, dass die Kunstwerke in Zukunft wieder das Einzige sind, das auf der Grenze steht, und somit ein möglichst unverstelltes und verbindendes Bild der Trümpfe erhalten bleibt.

Adresse Klein Venedig, 78462 Konstanz | ÖPNV Bus 1, 2, 3, 4/13, 5, 6, 9A, 9B, 12, 13/4, 14, 908, Haltestelle Hauptbahnhof | Öffnungszeiten immer zugänglich (hoffentlich) | Tipp Eine Fahrt mit dem Riesenrad Jupiter ermöglicht den perfekten Blick auf die Grenze.

54 Der KZ-Friedhof Birnau

Campen auf dem Aushub

Obwohl in und um Konstanz einige Firmen kriegsrelevantes Material produzierten, blieb die Stadt, wie man heute gut erkennen kann, von Bombenangriffen verschont. Was für ein Glück, dass die Grenze zur neutralen Schweiz mitten durch die Stadt verläuft. Im Gegensatz zu vielen anderen deutschen Städten wurde hier nicht verdunkelt, und so war das linksrheinische Konstanz aus der Luft nicht vom schweizerischen Kreuzlingen zu unterscheiden.

Dem nahe gelegenen Friedrichshafen erging es im Zweiten Weltkrieg weniger gut. Am 28. April 1944 zerstörten Bombenangriffe die Stadt fast vollständig. Damit die ortsansässige Rüstungsindustrie weiter produzieren konnte, wurde ein Bauvorhaben mit dem Decknamen »Magnesit« ins Leben gerufen. Der Plan war es, Stollen in den Molassefelsen in Überlingen zu bauen, um die Firmen unterirdisch vor weiteren Angriffen zu schützen. Für dessen Umsetzung verlegten die Nazis 800 Häftlinge aus dem KZ Dachau in das neu errichtete Außenlager Überlingen-Aufkirch, und im Oktober 1944 begannen die Arbeiten. Unter schlimmsten Bedingungen sprengten die Häftlinge den »Goldbacher Stollen« in den Felsen und kippten den Aushub in den Bodensee.

Die Schätzungen variieren, aber vermutlich haben über 200 Gefangene die Strapazen, Misshandlungen und grausamen Arbeitsbedingungen nicht überlebt. Mehrere dutzend wurden mit der Fähre in die Krematorien nach Konstanz gebracht und insgesamt 97 Verstorbene in einem Massengrab im Wald verscharrt. Nach Kriegsende wurde dieses Grab auf Befehl des französischen Militärs wieder ausgehoben und die Leichen auf dem am 9. April 1946 angelegten KZ-Friedhof Birnau beigesetzt.

Auf dem Aushub von damals befindet sich heute der Überlinger Campingplatz. Der Stollen selbst wurde nie für die angedachten Zwecke genutzt. Heute dient er Booten und Wohnwagen als Winterquartier und kann im Rahmen von Führungen besucht werden.

Adresse an der B 31 (nahe Kloster Birnau bei einem kleinen Rastplatz), 88690 Uhldingen-Mühlhofen | **ÖPNV** Bus 7394, 7395 von Konstanz; Fähre nach Meersburg, Haltestelle Birnau Wallfahrtskirche | **Öffnungszeiten** jederzeit; Führungen jeden ersten Fr im Monat um 17 Uhr, Infos unter www.stollen-ueberlingen.de | **Tipp** Von hier lohnt sich ein Abstecher in die Klosterkirche Birnau.

55 Die Ländebauten

Seemann, deine Heimat ist das Bauhaus

Für alle Landratten, die sich fragen, was das Wort »Lände« bedeutet: Eine Schiffslände ist ein einfacher Landeplatz an einem Gewässer. An der Lände in Staad steht nicht nur das Betriebsgebäude des Busbahnhofs, hier befindet sich auch der Startpunkt der Autofähre nach Meersburg.

Der Erste Weltkrieg ist gerade vorüber, und Konstanz ist eine durch hohe Zölle von ihrem Thurgauer Hinterland abgeschnittene Stadt in Randlage. Nach langem Ringen gibt es endlich eine Entscheidung für die Bodenseefähre von Staad nach Meersburg, um das nördliche Bodenseeufer und den Linzgau zu erschließen und »Automobiltouristen« anzulocken. Doch schon nach dem Zweiten Weltkrieg steigt das Transportaufkommen auf das Vierfache an, weswegen die beiden Häfen vergrößert werden müssen. Die rechts- und linksrheinischen Destinationen gelten als Drehscheibe Europas, was auch baulich zum Ausdruck kommen soll.

Architekt der beiden gläsernen Wartehäuser, die am jeweiligen Ufer wie Schiffsbrücken in den See ragen, sowie der Ländebauten des Fährhafens wird Hermann Blomeier. Er ist Absolvent des Dessauer Bauhauses und Schüler von Mies van der Rohe und beschäftigt sich seit 1947 mit den Fährbauten. Als Erstes entsteht der Wartepavillon in Meersburg. Den eingeschossigen eiförmigen Grundriss des Stahlskelettbaus führt er mit gerundeten und bewegten Formen und einer umlaufenden Terrasse aus, die auf den See hinausragt. Auf Staader Seite werden die Hafenanlagen etwas später um ein Café-Restaurant, einen öffentlichen Warteraum mit Milchbar, Läden, einen Kiosk und Sanitäreinrichtungen für die Wartenden des Busbahnhofs sowie ein Betriebsgebäude ergänzt. Städtebaulich hatte die Randbebauung die Aufgabe, das alte Fischerdorf Staad abzuschirmen.

Unbedingt anschauen sollte man sich die geschwungene Freitreppe des Restaurants, die ins Obergeschoss führt, und die Wandmosaike von Peter Dietrichs.

Adresse SHS-Sportboothafen Staad, William-Graf-Platz 1, 78464 Konstanz | ÖPNV Bus 1, 11, 15, Haltestelle Staad | Öffnungszeiten von außen jederzeit, Clubhaus Lände mit Seeterrasse: Di–Fr 16–22 Uhr, Sa, So 11.30–23 Uhr | Tipp Wer noch mehr Bauhaus-Einflüsse von Blomeier sehen möchte, kommt am Ruderhaus Neptun in der Spanierstraße 1 auf seine Kosten.

56 Der Lanzenhof

Graf Dracula und das Konzil

Der aus dem 14. Jahrhundert stammende frühere Patriziersitz, der nach der Familie Lanz von Liebenfels benannt wurde, ist Teil einer nicht totzukriegenden Vampirlegende, denn: Die Wurzeln von Graf Dracula sind in Konstanz zu finden!

Alles beginnt mit den üblichen Querelen, denen man früher als Herrscher ausgesetzt war, nämlich sein Land oder seine Religion gegen Feinde zu verteidigen. In diesem Fall geht es um den Schirmherrn des Konzils König Sigismund und seinen Kampf gegen das Osmanische Reich. Zu diesem Zweck gründet er mit Frau Barbara von Cilli den Drachenorden. Mitglied in diesem katholischen Ritterorden ist Vlad II., der sich von nun an »Vlad Dracul« nennt, was im Rumänischen »Drache« bedeutet. Sein Sohn bekommt folgerichtig den Namen Vlad Dracula, Sohn des Drachens, er wird später als »Der Pfähler« bekannt werden und dient somit als Vorlage für »Graf Dracula«.

Barbara von Cilli, die während des Konzils im Lanzenhof residiert, ist eine gebildete und intelligente Frau, was ihr eher negativ ausgelegt wird. Ihr Hang zur Alchemie und zum Okkultismus verstärkt sich nach dem Tod ihres Mannes, und für den Rest der Welt ist klar: Sie hat sich dem Teufel zugewandt. Als sie 1451 an der Pest stirbt, kann so eine lasterhafte Frau es natürlich nicht gut sein lassen und kehrt als Vampirin zurück. Der irische Schriftsteller Joseph Sheridan Le Fanu begeistert sich für ihre Geschichte und macht daraus 1872 »Carmilla, die Vampirin«, eine lesbische Blutsaugerin aus der Steiermark (der Heimat von Barbaras Familie).

Das Pentagramm schließt sich dann mit einem weiteren Iren, der diese Erzählung wiederum inspirierend findet und den ersten Entwurf seiner Vampirgeschichte ebenfalls in der Steiermark spielen lässt, bevor er sie nach Transsilvanien verlegt. Die Rede ist von Bram Stoker und seinem Roman »Dracula«. Heute befindet sich in dem Gebäude die Staatsanwaltschaft Konstanz.

Adresse Torgasse 8, 78462 Konstanz | ÖPNV Bus 1, 2/12, 3, 9A, 9B, 12/3, 14, Haltestelle Bürgerbüro | Öffnungszeiten von außen immer zugänglich | Tipp Folgt man der Torgasse in Richtung Altstadt, kann man in der Wallgutstraße 35 zum »Weihwassertest« eine der ältesten Kirchen von Konstanz, St. Stephan, besuchen.

57 Die Leica Galerie

Ein Klick sagt mehr als 1.000 Worte

Klick – Mit dem Kuss eines Matrosen und einer Krankenschwester am Tag der japanischen Kapitulation im Zweiten Weltkrieg dokumentierte Alfred Eisenstaedt das Glücksgefühl einer ganzen Nation. Klick – Der Napalm-Angriff in Vietnam, bei dem ein nacktes, schreiendes Mädchen davonrennt – nur wenige Bilder zeigen das Grauen des Krieges so schonungslos wie das Bild von Nick Út.

Klick – In den schmalen Gässchen der Konstanzer Niederburg ist neben urigen Weinbeizen eine Anlaufstelle für Kunstliebhaber und Fotoenthusiasten entstanden. Seit Mai 2019 werden die sanierten Gemäuer des ehemaligen Domherrenhofs wiederbelebt. In den hohen, lichtdurchfluteten Räumen finden vier Ausstellungen pro Jahr statt, die von einem Kuratoren-Team betreut werden. Dazu kommen ein Leica Store, ein kleines Fotostudio, das gemietet werden kann, und das »Kaffee Blende 8«, wo man in Fotobänden stöbern und sich fachlich austauschen kann. Zu verdanken ist das Ensemble Markus Wintersig, er ist auf die Idee gekommen, sich um die Galerie zu bewerben, und das mit Erfolg.

Klick – Die ehrenamtlichen Kuratorinnen, die Kommunikations-Expertin Judith Borowski und die Autorin Barbara Marie Hofmann, würden am liebsten vor allem namhafte Fotografen ausstellen. Leica hingegen gibt eine Mischung aus international bekannten und regionalen Künstlern vor. Schließlich wurde die erste Leica Galerie 1976 in Wetzlar auch aus dem Gedanken der Nachwuchsförderung geboren. Klick – Eröffnung: Anatol Kotte fragt mit seiner Ausstellung »Iconication«, was ein Bild zur Ikone macht. Klick – klick – Fokus auf den großen Schweizer Reportage-Fotografen Werner Bischof. Klick – klick – klick – Bilder von »Cowboys and Dancers« von Dietmar Blum, der als Fotograf des Marlboro-Mannes bekannt wurde.

»Wer sehen kann, kann auch fotografieren. Sehen lernen kann allerdings dauern«, so lautet die Philosophie von Leica.

Adresse Gerichtsgasse 14, 78462 Konstanz | ÖPNV Bus 5, Haltestelle Laube/Niederburg | Öffnungszeiten Mo–Fr 10–18 Uhr, Sa 9.30–14 Uhr | Tipp Wer sich eine paradiesische Wohlfühlzeit gönnen möchte, kann das im Café Stadtkind in der Brauneggerstraße 31.

58 Die Loretto-Kapelle

Die kugelsichere Muttergottes

Bis zum Jahr 1633 hatten die Konstanzer Glück. Der Dreißigjährige Krieg, bei dem sich der Kaiser mit den katholischen Ständen auf der einen und die Schweden samt evangelischen Ständen auf der anderen Seite gegenüberstanden, fand bisher in weiter Ferne statt. Das änderte sich jedoch. Am 8. September ziehen die Truppen des schwedischen Generals Horn vor der Stadt auf. Gern würde er diesen strategisch wichtigen Ort nördlich der Alpen erobern. Eigentlich sind die Bedingungen gut. Sein Heer ist vier- bis fünfmal größer als das der Verteidiger, die Stadt ist gut gefüllt mit Flüchtlingen, die seinem Vormarsch entkommen sind, und Konstanz bleibt nur noch der Zugang zum See.

Aber: Zahlreiche Sturmangriffe missglücken. Dabei ist die Verzweiflung innerhalb der Stadtmauern so groß, so die Legende, dass sich viele Konstanzer zu einem zehnstündigen Gebet versammeln. Feierlich geloben sie, dass sie, wenn die Muttergottes ihnen dabei hilft, die Schlacht doch noch zu einem guten Ende zu führen, ihr zu Ehren eine Kapelle nach dem Vorbild der Gnadenkapelle in Loreto in Italien bauen werden.

Am 30. September starten die Schweden einen weiteren großen Angriff auf die Stadt – dann greift der Himmel ein.

Über der Stadtmauer erscheint eine Frauengestalt, umgeben von einem Strahlenkranz. Die Muttergottes wird aktiv und wehrt mit ihrem Mantel die feindlichen Kanonenkugeln ab. Im Wissen, dass gegen so viel göttliche Unterstützung kein Schwedenkraut gewachsen ist, zieht König Gustav II. Adolf unverrichteter Dinge ab, und Konstanz ist gerettet. Um das Versprechen zu halten, wird die Loretto-Kapelle im Gedenken an dieses Ereignis erbaut und am 1. Juli 1638 eingeweiht. Die Geschichte, die zu ihrem Bau geführt hat, kann man an der Westwand nachlesen, auch wenn es in Wirklichkeit wohl eher die großen Verluste und die herannahenden Truppen waren, die General Horn vertrieben haben.

Adresse Lorettosteig 23, 78464 Konstanz | ÖPNV Bus 1, 4/13, 9B, 11, 12, 13/4, 15, Haltestelle An der Steig | Öffnungszeiten von außen immer zugänglich | Tipp Im nahe gelegenen Lorettowald gibt es einen Sportpfad, auf dem man an Geräten seine eigenen Belagerungsskills testen kann.

59 Die Malhausapotheke

Vom Kräutersammeln zur Kulturküche

Das Apothekenwesen hat in Konstanz eine lange Tradition. Mit dem »Magister Wernher« ist 1264 erstmals ein Apotheker in der Stadt nachgewiesen. Das Malhaus selbst kann bis 1337 zurückverfolgt werden und ist damit eines der ältesten Häuser der Stadt. Der Name rührt vermutlich von der für ihre Zeit seltenen Fassadenmalerei her und leitet sich von »Gmalhus« ab. Abgesehen vom heilenden Charakter des pharmazeutischen Gewerbes ist vor allem Ludwig Leiner für die Stadt von Bedeutung, dessen Familie das Haus 1827 übernahm. Neben der Lehre in der väterlichen Apotheke studierte er mit Erfolg Mathematik, Physik und Naturgeschichte, bevor er mit dem Prädikat »vorzüglich« seine pharmazeutischen Studien abschloss. Zwar plagten ihn hier und da Zweifel, ob er nicht Maler werden sollte, aber nach dem Tod seines Vaters blieb er bei Töpfen und Tiegeln.

Darüber hinaus widmete er sich, wie schon seine Vorfahren, dem Sammeln und sah seine Aufgabe auch im Vermitteln von Kultur. Als Apotheker hatte er guten Zugriff auf viele Sammelobjekte, da er über den Arzneihandel mit vielen Menschen in Kontakt stand, außerdem verfügte er über das Wissen des Konservierens und besaß die nötigen Mittel. Leider musste Ludwig feststellen, dass immer mehr historische Kunstschätze aus Konstanz verschwanden, da es kein passendes Museum gab.

Hier musste Abhilfe geschaffen werden, und so legte er sich ins Zeug. Obwohl es von städtischer Seite noch keine nennenswerte Unterstützung gab, begann er damit, seine Sammleraktivitäten zu intensivieren. In der Konstanzer Zeitung rief er sogar die Bürger zur Mithilfe, vor allem zu Spenden auf: »… ob es schenkweise, ob es tauschweise gegen bequemere modernere Geräthe oder mit Eigenthumsvorbehalt geschehe.« Egal, nur her damit!

Letztendlich wurde seine Hartnäckigkeit belohnt, und heute verdankt ihm Konstanz das Rosgartenmuseum, das er bis zu seinem Tod leitete.

Adresse Paradiesstraße 1, 78462 Konstanz | ÖPNV Bus 1, 2/12, 3, 9A, 9B, 12/3, 14, Haltestelle Bürgerbüro | Öffnungszeiten Mo–Fr 8.30–18 Uhr, Sa 9–13 Uhr | Tipp Im Rosgartenmuseum sind auch Exponate Ludwig Leiners zu finden. Besonders zu empfehlen ist das Museumscafé (Rosgartenstraße 3–5, Di–Fr 10–18 Uhr, Sa, So und Feiertage 10–17 Uhr).

60 Die Maria-Hilf-Kirche

Schau mir in die Augen …

Konstanz hat dank seiner 1.200 Jahre währenden Geschichte als ehemaliges Bistum viele Kirchen zu bieten. Gegründet um 600, war es im Mittelalter die größte deutsche Diözese, die erst 1821 aufgelöst wurde. Hintergrund war die Neuordnung der Bischofssitze und Bistumsgrenzen im Zuge der politischen Veränderungen der Ära nach Napoleon.

Nach dem Zweiten Vatikanischen Konzil (1962–1965) orientiert sich der Kirchenneubau für die Pfarrei Maria Hilf an der neuen Liturgiereform. Der Gedanke, dass das Volk sich versammelt, um mit dem Priester gemeinsam den Gottesdienst zu feiern, rückt nun stärker in den Mittelpunkt. Vom Priester wird die Messe »versus populum«, den Gläubigen zugewandt, gehalten. Der experimentelle Grundriss erregt mit der für die 1970er Jahre ungewöhnlichen Architektur Aufsehen. Realisiert hat den sechseckigen Bau Professor Franz Hitzel. Die Wände bestehen fast nur aus farbigem Glas und werden von einem zur Mitte hin offenen Baldachin überspannt. Überragt wird der Zentralbau von einem rampenartig aufragenden Glockenturm aus Sichtbeton. In Typus und Gestaltung ähnelt Maria Hilf dem Neubau der Kaiser-Wilhelm-Gedächtniskirche von Egon Eiermann in Berlin.

»Jeder Mensch ist mit seinen ganz eigenen, verschlungenen Wegen willkommen in der Kirche«, steht auf dem 2014 neu gestalteten Vorplatz.

Ursprünglich sollte auf dem Salzberg im Musikerviertel gebaut werden, doch das größere Grundstück im Hockgraben stellte die deutlich bessere Alternative dar. Hier, zwischen ehemaligem Siechenheim und Leprosenhaus »Zur äußeren Tanne« und der Lorettokapelle, beides Liegenschaften des Deutschen Ordens, die Maria als ihre Patronin verehrten, entstand die zweite Maria gewidmete Kirche in Konstanz neben dem Münster »Zur lieben Frau«. Am besten kommt man zur Mittagszeit vorbei, dann steht die Sonne im Zenit, und durch die Öffnung wird der exzentrische Altar angestrahlt.

Adresse Maria-Hilf-Platz 3, 78464 Konstanz | ÖPNV Bus 1, 4/13, 9B, 11, 13/4, 15, Haltestelle Tannenhof | Öffnungszeiten Infos zu Gottesdiensten unter www.kath-mhsg.de | Tipp Das Kruzifix und die Madonna wurden von der Pforzheimer Bildhauerin Gisela Bähr geschaffen, ein weiteres Werk von ihr ist die Pirmin-Statue am Zugangsdamm zur Reichenau.

61 Das NABU-Bodenseezentrum

Der Fly-in auf dem Weg nach Süden

Das NABU-Bodenseezentrum mit öffentlich zugänglicher Ausstellung im Erdgeschoss, die nach Jahreszeiten gegliedert die Lebensräume und Artenvielfalt am westlichen Bodensee zeigt, befindet sich linker Hand. Im rechten Gebäude ist die Werkstatt für die Landschaftspflege untergebracht, wo die FÖJ- und BFDler wohnen, die bei Pflegearbeiten und Brutvogelkartierungen mitarbeiten. Das Thema Naturschutz lässt sich auch an dem weitestgehend ökologisch geplanten Gebäude ablesen, die Holzverkleidung besteht aus regionaler Weißtanne, auf dem Dach befindet sich eine Fotovoltaikanlage, und für die Fenster wurde selbstverständlich Vogelschutzglas verwendet.

Nicht nur Singschwäne, die man an ihren gelben Schnäbeln mit schwarzer Spitze erkennt, nutzen die Schnittstelle zwischen Ober- und Untersee zur Futtersuche. Die Flachwasserbereiche und Überschwemmungszonen bieten ideale Bedingungen, und der Rheinkanal friert so gut wie nie zu. Die letzte große »Seegfrörne«, das Zufrieren des Bodensees, gab es 1963. Damals haben Tierfreunde und unzählige Helfer die Wasservögel vor dem Eis gerettet.

Der Bodensee ist eine wichtige Drehscheibe für Zugvögel. Auf ihrer Reise Richtung Mittelmeer mit Ziel Afrika nutzen sie die geschützten Ruhezonen als Rastplatz oder auch für längere Pausen. Im Oktober kommen Tafel- und Reiherenten aus Nord- und Osteuropa. Bei niedrigem Wasserstand bevölkern Watvögel die freiliegenden Schlickflächen im Wollmatinger Ried und an der Mündung der Radolfzeller Aach. Beeindruckend nicht nur für Vogelfreunde sind die imposanten Schwarmwolken aus vielen tausend Staren am Himmel, wenn sie hier relaxen.

Führungen gibt es nicht nur zu Vögeln, sondern auch zur Blütenpracht der Streuwiesen, darunter Sibirische Schwertlilien, Enziane und rund 20 Orchideenarten.

Adresse Am Wollmatinger Ried 20, 78479 Reichenau, www.nabu-bodenseezentrum.de | **ÖPNV** mit dem Zug bis Bahnhaltepunkt Reichenau (Baden), dann Bus 6, Haltestelle ZfP Reichenau | **Öffnungszeiten** April – Sept. Mo – Fr 9 – 12 und 14 – 17 Uhr, Sa, So und Feiertage 13 – 15.30 Uhr, Kontakt unter Tel. 07531/9216640 | **Tipp** Wer sich selbst als Birdwatcher betätigen möchte oder einfach Lust auf Bootfahren hat, kann eine Runde auf der Solarfähre drehen (www.solarfaehre-reichenau.de).

62 Das nackte Ärschle

Mit einem Kuss auf den Allerwertesten

Wer sich eine Hure in den Hafen stellt, hängt sich auch ein blankes Hinterteil über die Tür. Klingt ein wenig nach der ersten Zeile eines Après-Ski-Hits, trifft aber in Konstanz tatsächlich zu. Hier findet man in einer kleinen Nebengasse im Stadtteil Niederburg, in der Nähe des Münsters, ein wohlgeformtes Ärschle über einem passenderweise rosa gestrichenen Haus.

Dass in der Konstanzer Altstadt und in angrenzenden Stadtteilen Figuren an den Häusern prangen, ist nicht ungewöhnlich. Aber ein Torso von hinten?

Es könnte ein Erkennungszeichen für ein ehemaliges Bordell gewesen sein. Schließlich präsentierten sich die Damen gern von ihrer blanken Seite am Fenster, was ihnen auch den abfälligen Beinamen »Fensterhennen« bescherte, und ein solches »Ladenschild« war früher nicht unüblich. Aber dafür gibt es zumindest hier keine Beweise, trotz des Anstrichs, und falls dem so war, ist es lange her. Inspiriert durch die Vergangenheit des Hauses, so besagen zumindest die Quellen, ließ der Hausherr 1980 das Hinterteil aus Sandstein von einem Steinmetz der Münster-Bauhütte fertigen und hier anbringen. Er wollte damit an die lange Geschichte des Gebäudes, die bis ins Mittelalter zurückreicht, erinnern. Mittlerweile hat der von den Konstanzer Nachtwächtern auf ihren Sightseeingtouren »'s nackte Ärschle« oder »'s Konschdanzer Ärschle« genannte Popo in anderem Zusammenhang Berühmtheit erlangt. Am »Schmutzigen Donnerstag«, dem Haupttag der Konstanzer Straßenfasnet, versuchen Narren, mit Räuberleitern dem Hinterteil einen Kuss zu geben, das soll Glück bringen für das ganze Jahr. Da die St.-Johann-Gasse aber auch die kürzeste Verbindung von der Altstadt zur Niederburg ist, kommen hier immer wieder angeheiterte Studenten oder sonstige Nachtschwärmer vorbei und versuchen ebenfalls ihr Glück.

Ob es wirklich hilft oder nicht, müsste noch eingehender untersucht werden.

Adresse St.-Johann-Gasse 8, 78462 Konstanz | ÖPNV Bus 1, 2, 3, 5, 9A, 9B, 12, 14, Haltestelle Laube/Niederburg | Öffnungszeiten immer zugänglich | Tipp Die Gasse rauf, den Münsterplatz im Rücken, ist in der Konradigasse 2 das urige Brauhaus »Joh. Albrecht« zu finden.

63 Das Neptun-Relief

Der gute Draht nach oben

Wer betet, möchte bei seinem Gott Gehör finden. Aus nachvollziehbaren Gründen greifen die wenigsten dafür zum Telefon, was bei näherer Betrachtung des Frieses an der Bahnhofsseite des Sparkassengebäudes ein Fehler sein könnte. Dort erblickt man nämlich zwei telefonierende Engel an den Außenseiten. Mit wem sie über was sprechen, erfährt man leider genauso wenig wie die Nummer, die man wählen müsste, um mit den beiden verbunden zu werden. Die nächste göttliche Kuriosität liegt neben dem linken Engel. Dort thront Neptun mit einem Dreizack, an dessen Enden sich Isolatoren befinden. Das Ensemble erschließt sich einem erst, wenn man weiß, dass die Dame neben dem Meeresgott eine Postgöttin ist und das Gebäude ursprünglich als Reichspostamt gebaut wurde.

In der Denkschrift zur Eröffnung 1891 ist festgehalten, dass der figürliche Schmuck eine Beziehung zum Kultur- und Telegrafenwesen haben sollte. So wurde aus Neptun der Herr der elektromagnetischen Wellen, und seinen Dreizack zieren Isolatoren, wie man sie auch für den Bau von Telegrafenlinien verwendete. Die Engel fungieren als himmlisches Callcenter, wobei sich der Giebel Richtung Marktstätte dem Handel und Verkehr widmet. Zusätzlich sind in fünf Fenstern Köpfe sichtbar, die für die fünf Kontinente stehen und die weltumspannende Arbeit der Post symbolisieren.

Neptuns Zackenschmuck ist übrigens nicht mehr original. Seltsamerweise kamen bei Ausbesserungsarbeiten die ursprünglichen Isolatoren abhanden. Was der Dieb mit den drei Beutestücken anstellen wollte, ist bis heute unklar. Nach dem Verkauf des Gebäudes an die Sparkasse müsste man den Fries eigentlich an die neue Nutzung anpassen. Vorschlag zur Umdeutung: Die Engel widmen sich dem Onlinebanking, und Neptun bekommt ein paar Eurostücke auf die Zacken.

Es lohnt auch ein Ausflug in den Innenhof, in dem ein Glaskubus den Haupteingang bildet.

Adresse Marktstätte 1, 78462 Konstanz | ÖPNV Bus 1, 2, 3, 4/13, 5, 6, 9A, 9B, 12, 13/4, 14, 908, Haltestelle Konzilstraße/Theater | Öffnungszeiten immer zugänglich | Tipp Eine Shopping-Pause legt man am besten an einem der großen Holztische im gegenüberliegenden »Pano – Brot & Kaffee« ein.

64 Das N° elf

Von Schokobomben und warum »er zappelt«

»Wir sind das einzige ›Spezialitätenkaffee‹ am Bodensee«, eröffnet Sebastian Graeber, einer der beiden Inhaber, das Gespräch über Barista-Kunst und den Olymp des Rieslings.

Hier wird nur Kaffee ausgeschenkt, von dem sie genau wissen, wo er herkommt. Sowohl das Herkunftsland als auch die Geschmacksrichtungen sind auf jeder Bohnenpackung vermerkt. Bis auf eine einzige Ausnahme, ihren »Hausblend« – Aroma: lecker Schokobombe –, sind alle Kaffeespezilitäten nur aus einer Sorte geröstet. Aber nicht nur die Bohne macht den Kaffee oder Espresso, sondern auch die Zubereitung, auf die hier besonderer Wert gelegt wird. Der gelernte Gastronom Tobias Roth bereitet hinter den beeindruckenden Siebträgermaschinen den Hausblend zu. Wichtig ist vor allem die Temperatur, jeder Kaffee hier kann sofort getrunken werden. »Viele machen die Milch zu heiß und damit alles kaputt«, und tatsächlich, der erste Schluck verbrüht nicht den Gaumen, sondern lässt die angekündigte Schokobombe explodieren. Da das Auge auch wach werden muss, gibt es obenauf noch feinste »Latte Art«.

Wer nach dem Kaffee noch im ehemaligen Kuh- und Pferdestall oder an den Tischen rundherum verweilen will, kann den Tag auch mit einem Riesling der Marke »er zappelt« veredeln. Der Ausspruch stammt aus einem Buch von 1897 und war das höchste Lob, das ein damaliger Küfermeister zu vergeben hatte. Aber es sei gewarnt: Der trinkt sich wie Quellwasser!

Wer selbst in die Kaffeewelt einsteigen will, dem empfiehlt Sebastian, es erst mal mit ihrem Filterkaffee zu probieren. Anleitung: 20 Gramm Bohnen mahlen, Wasser aufkochen, eine Minute stehen lassen, in Kreisbewegungen den Filter ausspülen, Kaffeepulver in den Filter geben, 50 bis 60 Milliliter Wasser in Kreisbewegungen in den Filter geben, nach 30 bis 40 Sekunden weitere 100 Milliliter zufügen, Kaffee auf 300 Milliliter aufgießen, abkühlen lassen und genießen.

Adresse Gerichtsgasse 11, 78462 Konstanz | ÖPNV Bus 1, 2, 3, 5, 9A, 9B, 12, 14, Haltestelle Laube/Niederburg | Öffnungszeiten Infos zu Barista-Kursen unter www.no-elf.de | Tipp Mit genug Koffein in den Adern bietet sich ein Besuch im Fastnachtsmuseum im Rheintortum an (Rheinsteig 4, April–Okt. Fr 18–22 Uhr, Sa, So 14–17 Uhr).

65_Der Null-Euro-Automat

Druck dein Geld doch selbst!

Die Mainau wird auch als »Blumeninsel« bezeichnet, da liegt es nahe, dass man sich hier auch seine eigenen Blüten drucken kann. Das ist an einem unscheinbaren Automaten im überdachten Eingangsbereich möglich, wo man personalisierte Geldscheine als Erinnerungsstücke bekommt – eine Idee der französischen Familie Faille aus dem Jahr 1996. Der Clou daran: Dieses Null-Euro-Souvenir ist gar keine Blüte, denn die Scheine werden in einer der offiziellen Euro-Druckereien hergestellt. Man kann mit ihnen zwar nicht bezahlen, aber sie sind von der EZB offiziell genehmigt. Wer hier zwei Euro investiert, bekommt einen von 10.000 Scheinen einer limitierten Auflage.

Die Vorderseite ziert das barocke Deutschordensschloss, das auf dem Hochplateau der Insel liegt und immer noch Wohnsitz der gräflichen Familie Bernadotte ist.

Die Besitzer der Mainau waren zahlreich und wechselten nach einer über 500 Jahre währenden Herrschaft des Deutschen Ordens (1272–1806) mehrfach, unter anderem durch Kauf oder Erbe. Ebenso vielfältig sind die landschaftlichen und gartenbaulichen Einflüsse. Der ungarische Fürst Nikolaus II. kaufte die Insel 1827 und begann mit der Eindämmung des Eilandes, der Anpflanzung wertvoller Bäume und der Ansiedlung vieler seltener Pflanzen. Gut 25 Jahre später erwarb Großherzog Friedrich I. von Baden die Insel als Sommersitz und richtete dort einen weiteren Standort der »Großherzoglich badischen Hofgärtnerei« ein. Es wurden Baumraritäten beschafft und das Arboretum, eine Orangerie, Gärten, eine eiserne Brücke zum Festland sowie ein neues Wegesystem angelegt. Dieser Vision verdankt die Insel ihr heutiges Aussehen. Nach ein paar verwilderten Jahren nahm sich 1932 der damals 23-jährige Lennart Bernadotte, ehemaliger Prinz von Schweden, der durch Heirat mit einer Bürgerlichen alle Titel und Thronansprüche verlor, der Herausforderung an. Heute ist die Mainau eine echte Marke.

Adresse Insel Mainau 1, 78465 Insel Mainau; Automat im Bereich des Inseleingangs Festland | **ÖPNV** vom Hauptbahnhof mit Bus 4/13, 13/4, Haltestelle Mainau, oder mit dem Kombiticket der »Weißen Flotte« bis Anlegestelle Mainau | **Anfahrt** L 219 bis Parkplatz vor Inselzufahrt; eigene Umkleidekabine für Motorradfahrer vorhanden | **Öffnungszeiten** Automat immer zugänglich, Insel täglich Sonnenaufgang – Sonnenuntergang | **Tipp** Passend zur Blumeninsel kann man eine köstliche Rast im Café Vergissmeinnicht einlegen, das von Jugendlichen mit besonderem Förderbedarf auf der Insel Mainau betrieben wird.

66 Die Ofenkachel

Der gelähmte Weise

Er war eine Art Stephen Hawking des 11. Jahrhunderts. Von Kind an vollständig gelähmt, entwickelte sich Hermann der Lahme zum größten Gelehrten und Wissenschaftler seiner Zeit. Geboren 1013, gaben seine Eltern ihn mit sieben Jahren in die Obhut des Klosters Reichenau. Auch wenn er zeit seines Lebens auf Tragestuhl und Diener angewiesen war, wurde er zum Priester geweiht. Zu körperlicher Arbeit unfähig, war er vermutlich von allen klösterlichen Pflichten befreit und nutzte seine Zeit zum Studium.

Schon bald galt er Zeitgenossen als »Wunder unseres Jahrhunderts«. Sein bekanntestes Werk ist das »Chronicon«, eine von Christi Geburt bis ins Jahr seines Todes 1054 reichende Weltgeschichte. Sie gilt als sehr zuverlässige Quelle, da Hermann sich um präzise Jahresangaben bemühte. Ihm verdankt die Geschichtsschreibung auch die Zeiteinteilung in »vor« und »nach« Christus.

Darüber hinaus verfasste er bahnbrechende Schriften zum Abakus, einem seit römischen Zeiten gebräuchlichen Rechenbrett, und berechnete und korrigierte die Kalenderjahre mit Hilfe eines Astrolabiums. Dabei handelt es sich um eine transportable Scheibe aus dem arabischen Kulturkreis, die es ermöglicht, Fixsterne und Planeten zu vermessen.

Sie ebnete auch der modernen Zeitrechnung mit Stunden und Minuten den Weg. Zeit scheint für den gelähmten Priester eine große Rolle gespielt zu haben. So konstruierte er auch selbst Uhren, beispielsweise eine Taschensonnenuhr. Als wäre das alles noch nicht genug, entwickelte er eine Notenschrift, verfasste Gedichte und komponierte Werke für den Gottesdienst. Auf der Kachel hier am Ofen in der Schatzkammer ist er zu sehen, wie er das »Salve Regina«, ein Stundengebet, aufschreibt, das wie auf einer Himmelsleiter nach oben steigt. Ob das heute noch bekannte und gebräuchliche Werk tatsächlich aus seiner Feder stammt, ist allerdings nicht zweifelsfrei bewiesen.

Adresse Münsterplatz 4, 78479 Reichenau | ÖPNV Bus 204 ab Bahnhof Reichenau, Haltestelle Reichenau Museum | Öffnungszeiten Schatzkammer im Münster: April–Sept. 10–12 und 15–17 Uhr, Okt. 10–12 Uhr; Eintritt: 2 Euro, ermäßigt 1 Euro | Tipp Es lohnt sich, einen Ausflug zum klostereigenen Kräutergarten von Walahfrid Strabo zu machen.

67 Der Otto-Moericke-Turm

Die Wasserversorgung in Konstanz

Kann man Bodenseewasser trinken? Ja! Jedes Jahr werden 180 Millionen Kubikmeter Trinkwasser bester Qualität aus dem Bodensee gewonnen. Zu Zeiten, in denen aus verständlichen gesundheitlichen Gründen bevorzugt Bier und Wein getrunken wurde, hat man dem See Fäkalien und Abfälle gern über Abortrinnen zugeführt. Trinkwasser kam über Wasserleitungen aus entfernten Quellen, unter anderem aus dem schweizerischen Rickenback. Erst 1873 wurde eine Wasserleitung nach Wollmatingen gebaut.

Der Versuch, auf dem Stadtacker Grundwasserquellen zu bohren, war aufgrund der geringen Fördermengen nur von kurzer Dauer, und als die Schweizer hygienisch unbedenkliche Werte in ihren Seewasserwerken erreichten, freundete man sich mit der Idee eines eigenen Seewasserwerks an. Anfang des 20. Jahrhunderts war es dann so weit, in dem noch unabhängigen Allmansdorf startete der Betrieb. Allerdings mit mäßigem Erfolg, denn der Wasserdruck reichte für höher gelegene Stadtteile bald nicht mehr aus.

Ein Wasserturm auf der Allmannshöhe war die Lösung. Geplant wurde die ursprünglich als Wasser- und Aussichtsturm konzipierte Landmarke von Stadtbaumeister Paul Jordan, es war sein letztes Werk als Leiter des Stadtbauamtes. Der in Stahlbeton-Skelettbauweise errichtete Turm ist ein weithin sichtbares Beispiel fortschrittlicher Ingenieurskunst. 1929 fertiggestellt, wurden nur wenige Jahre später auf Wunsch des damaligen Oberbürgermeisters Otto Moericke unterhalb des Wasserbehälters sieben Geschossdecken eingezogen und die gewonnenen Räume als Jugendherberge genutzt.

Während des Zweiten Weltkriegs wurde aus dem Turm ein Luftschutzbunker und Fernmeldeturm. Erst 1990 verlor er endgültig seine Funktion als Wasserturm und wurde nach der Realisierung des ergänzten Flachbaus hauptsächlich für Tagungen verwendet. Heute ist der See so sauber, dass manche Fische mangels Phosphat sogar Nahrungsprobleme kriegen.

Adresse Zur Allmannshöhe 16, 78464 Konstanz | ÖPNV Bus 1, Haltestelle Allmannsdorf; Bus 4/13, Haltestelle Jugendherberge | Öffnungszeiten Aussichtsplattform nur sehr selten geöffnet, Infos im Südkurier unter www.suedkurier.de | Tipp Wer noch tiefer in das Thema Wasserversorgung am Bodensee eintauchen möchte, kann eine Führung durch das Wasserwerk Sipplinger Berg in Überlingen mitmachen.

68 Das Palmenhaus

Von Orangen und Sumpfzypressen

Die Geschichte des modernen Gewächshauses hat in der Renaissance ihren Ursprung. Mit den Entdeckungsreisen der Spanier und Portugiesen im späten 15. Jahrhundert gelangen erstmals exotische »Paradiesfrüchte und Pflanzen« auf die Tische und in die Gärten wohlhabender Bürger und Fürsten. Besonders beliebt sind Orangen, deren Bäume auch bald gezüchtet werden. Im Winter müssen sie jedoch vor der Kälte geschützt werden, und so entstehen Orangerien genannte hölzerne Schutzhütten.

Aus diesen schmucklosen Nutzbauten wird nach und nach ein Gebäudetypus, der in die Gartengestaltung mit einbezogen wird. Aus den parallel zur Orangerie entwickelten Treibhäusern, die der Aufzucht von Obst und Gemüse dienen, entstehen die Gewächshäuser. Bei ihnen bemühten sich die Planer, möglichst viel Licht ins Gebäude zu lassen, statt wie bei der Orangerie die Bäume vor der Witterung zu schützen. Besonders fasziniert sind die Europäer im 19. Jahrhundert von Palmen, die ein Sinnbild für die Sehnsucht nach fernen Paradiesen sind.

So auch in Konstanz, wo 1922/23 eine Stadtgärtnerei errichtet wurde, in der sich heute das Palmenhaus befindet. Ungewöhnlich bei diesem Bau ist die Verbindung mit einem Wohn- und Verwaltungsgebäude. Seine neoklassizistische Architektur ist zusammen mit dem Glashaus so bemerkenswert, dass die Gesamtanlage unter Denkmalschutz steht.

Zwar wurde im Jahr 2000 die Stadtgärtnerei verlegt, aber die Palmen blieben an Ort und Stelle. Da die ursprüngliche Einfachverglasung noch erhalten ist, ist die Nutzung jahreszeitlich eingeschränkt, aber irgendwie auch »natürlich«. Auch das Äußere ist sehenswert: ein kleiner Stadtteilpark in dem sonst dicht bebauten Stadtteil »Paradies«. Hier lässt sich auch die Handschrift der Gärtner aus der Gründerzeit erahnen. Wie in einem kleinen botanischen Garten wachsen hier Sumpfzypresse, Judasbaum, Sicheltanne, Kork- und Blauglockenbaum.

Adresse Zum Hussenstein 12, 78462 Konstanz, www.palmenhaus-konstanz.de | ÖPNV Bus 1, 5, 9A, Haltestelle Döbelestraße | Öffnungszeiten Di–Fr 9.30–12.30 und 13.30–16 Uhr, So 14–17 Uhr | Tipp Für alle Jazz-Liebhaber gibt es auf der Mainau »Jazz unter Palmen«, eine vom Europäischen KulturForum Mainau e. V. präsentierte Jazz-Konzertreihe, die Nachwuchskünstlern und Künstlern aus der Region eine Plattform am Bodensee bietet – direkt nebenan gibt es das Café Mondial (Zum Hussenstein 12).

69 Die Pfahlbau-Ausstellung

Aus dem Schlamm in die Vitrine

Wattstiefel bis zur Hüfte, zerzauste Haare, Vollbart, ein Boot und im Schlamm grabend. Den meisten Dingelsdorfern ist er eine vertraute Gestalt, sucht Herbert Gieß doch schon seit über sechs Jahrzehnten im Bodenseeuntergrund nach Überresten der Pfahlbauern, und das mit großem Erfolg. Wenn winterliches Niedrigwasser auf kräftigen Ostwind trifft, dann ist die Chance am größten, im aufgewühlten Bodensand Pfeilspitzen, Feuersteine, Werkzeugüberreste oder Ähnliches zu finden.

So sind über die Jahre gut 5.000 Exponate bei ihm zu Hause in Vitrinen und Schränken gelandet. Alle sind beschriftet, katalogisiert, viele auch fachgerecht gezeichnet und so für die Forschung verfügbar. Aber nicht nur die Forschung soll von seiner Expertise profitieren, sondern auch die interessierte Allgemeinheit.

So entstand auf sein Betreiben hin die Pfahlbau-Ausstellung im Rathaus. Zwei Räume, in denen die 16.000 Jahre lange Geschichte des Menschen am Bodenseeufer lebendig wird. Hier erfährt man etwas über die Jäger der Eiszeit vom Petersfels in Dingelsdorf, die ersten sesshaften Pfahlbauer und dass der Bodensee schon damals ein zentraler Knotenpunkt des Handels in Europa war. Feuersteine aus Sizilien, dem Kleinwalsertal und Oberitalien oder Jade aus den Schweizer Alpen hat Herbert Gieß schon geborgen. Wobei er auch Fundstücke aus 6.000 Jahre altem Holz in seinem Schal nach Hause gebracht hat. Dazu gibt es von Hand gefertigte Rekonstruktionen alter Werkzeuge wie den Nachbau der Axt von Ötzi. Da nicht alle Exponate hier Platz finden, werden immer wieder wechselnde Sonderausstellungen veranstaltet.

Besonders interessant für die kleinen Besucher sind die »Pfahlbau-Erleber«-Veranstaltungen, bei denen Herbert Gieß mit Kindern, Familien und Gruppen wie die Pfahlbauer kocht und isst, ein echtes »Steinzeit-Dinner«. Der Honig zum Süßen wird dabei ebenfalls nach alter Methode gewonnen, aus Waben in Holzstämmen.

Adresse Rathausplatz 1, 78465 Konstanz | ÖPNV Bus 4/13, 13/4, Haltestelle Ortsmitte | Öffnungszeiten Mo–Fr 8–12 und 14–16 Uhr, Eintritt frei; »Steinzeit-Dinner« ab 20 Personen, Infos unter www.pfahlbau-dingelsdorf.de | Tipp Für alle hungrigen Pferdeliebhaber geht es ins Ziegelhofstüble im Ziegelhofweg 31. Hier finden sich ein Restaurant, ein Biergarten und ein Spielplatz – mit Blick auf die Reithalle.

70 Der Purren

Feuerkult und Feuerfunken

Der Bodensee als eines der bedeutendsten Gewässer Mitteleuropas bietet genug Raum für Sagen, Mythen, Riten und Kultplätze an seinen Ufern. Die Beobachtung der Sonne zur Sonnwende wird durch die Ausrichtung des Sees von Nordwesten nach Südosten begünstigt. Das Zusammenspiel mit den Bergen ist einzigartig, und vom Aussichtspunkt Purren aus erkennt man bei gutem Wetter den Säntis, den »heiligen Berg«, der aus der Bergkulisse hervorsticht – eine wahrhaft mythologische und atemberaubende Landschaft.

Unter dem heiligen Pirmin, der viele Klöster gründete, unter anderem auch das auf der Insel Reichenau, werden die Bräuche Mitte des 8. Jahrhunderts laut seinem Missionsbüchlein als Praktiken des »Aberglaubens« bezeichnet – mit der Absicht, diese zu brandmarken und zu verbieten. Er stellt nicht die Frage nach dem Warum dieser auf die Natur bezogenen Handlungen, die zum Teil weit in die vorchristliche Zeit hineinreichen. Stattdessen wendet er sich gegen das »Fest der Frühlingsfeuer«, damit sind die Funken- oder Osterfeuer gemeint. Die genaue Herkunft dieser Feuer ist nicht bekannt, sie dürften aber keltischen Ursprungs sein.

Hinter dem Verbrennen von Holz, Stroh oder einer Strohfigur steckt ein alter Vegetationsbrauch, bei dem der Winter oftmals als dürre Gestalt oder Strohpuppe dargestellt wird. Der »Alte« soll im Frühling dem »grünen Mann« oder der »Vegetationsbraut« weichen. Das Verbrennen steht dabei für die Transformation. Erst im 11. Jahrhundert legt die Kirche die Funkenfeuer auf den Aschermittwoch fest.

So geschieht es auch jedes Jahr wieder auf dem Purren. Hier kann man beim Aufbau des Funkenstapels zusehen, Kinder können an einer Fackelwanderung teilnehmen und nach dem Funkenspruch den Funken mit ihren Fackeln entzünden. Die Narrenzunft Kuckuck brennt hier den Funken ab, der seit 1992 vom Fanfarenzug organisiert wird.

Adresse Zum Purren, 78465 Konstanz | ÖPNV Bus 4/13, 6, 13/4, Haltestelle Zum Purren | Öffnungszeiten Aussichtsplattform immer zugänglich | Tipp Die im Wasser liegenden Pfahlbauten des UNESCO-Weltkulturerbes Krähenhorn kann man vom Rastplatz zwischen Litzelstetten und Dingelsdorf aus gut überblicken.

71 Der Rheinkilometer null

Die Null muss fließen

Der Rhein, zehntlängster Fluss Europas, ist eine der verkehrsreichsten Wasserstraßen der Welt. Zur besseren Orientierung der Schifffahrt gibt es die nautische Kilometrierung von Fließgewässern. Diese erfolgt mit Kilometersteinen oder Kilometertafeln, die am Ufer angebracht sind, meist flussaufwärts, also von der Mündung zur Quelle.

Nicht so der Rhein, der mit seinem Kilometer null genau hier, an der Alten Rheinbrücke, beginnt. Die »neue« Kilometereinteilung gibt es seit 1939, erkennbar an weißen Tafeln am Ufer, auf denen die vollen Kilometer mit einer schwarzen Zahl, die halben Kilometer mit einem schwarzen Kreuz und die 100-Meter-Stationen mit einem weißen Pfahl angegeben sind. Der Rhein lässt sich gleich in mehrere Abschnitte gliedern. Vom Quellgebiet in Graubünden bis zum Rheindelta heißt er Alpenrhein. Dann durchfließt er den Bodensee. Sobald der größte Teil des Stroms den Konstanzer Trichter passiert hat und unter der Alten Rheinbrücke durchgeflossen ist, wird er für weitere vier Kilometer Seerhein genannt.

Der Name »Rhein« geht wahrscheinlich auf das indogermanische Wort für fließen zurück, und so folgen auch fließende Identitätswechsel. Von Konstanz bis Basel ist er der Hochrhein, nach dem Rheinknie bis Mannheim dann der Oberrhein. Bis Bonn spricht man vom Mittelrhein und bis zur Mündung in die Nordsee vom Niederrhein, einschließlich der drei Mündungsarme des Deltarheins Waal, Lek und Ijssel. In Hoek van Holland steht übrigens das letzte Schild bei Kilometer 1032,8.

Wer die Alte Rheinbrücke mal aus anderer Sicht erleben möchte, kann beim internationalen Silvesterschwimmen der DLRG-Rettungstaucher-Gruppe Konstanz mitmachen. Die Schwimmstrecke beginnt am Konstanzer Hafen, verläuft an der historischen Seepromenade entlang und dann unter der Alten Rheinbrücke hindurch bis zum Rheinstrandbad – nicht ganz ein Kilometer, dafür mit der Strömung!

Adresse Am Seerhein (Alte Rheinbrücke), 78462 Konstanz | ÖPNV Bus 1, 2, 3, 4/13, 5, 6, 9A, 9B, 12, 13/4, 14, 908, Haltestelle Sternenplatz | Öffnungszeiten jederzeit | Tipp Im Sommer kann man in der »Strandbar Konstanz« auf echtem Sand Drinks genießen und dabei auf die ersten Meter des Rheins schauen (Webersteig 12, Mi–Sa 14–22 Uhr, So 14–21 Uhr).

72_Die Ruine Schopflen

Von der Wasserburg zur NABU-Beobachtungsplattform

Konrad von Zimmerns Zeit als Abt des Klosters Reichenau war nicht die glücklichste, was man schon seinem Gedicht »Planctus Augiae«, »Die Klage der (Reichen-)Au«, entnehmen kann. Seit etwa 1234 war er Abt des Klosters und hatte mit einigen Konflikten zu kämpfen. Der größte davon war der Streit zwischen Kaiser Friedrich II. und dem Papst. Konrad entschied sich erst für den Kaiser, dann, nach einem päpstlichen Kirchenbann, für Seine Heiligkeit. Der Papst belohnte ihn, indem er die Insel allein dem Heiligen Stuhl unterstellte, was die Gerichtsbarkeit anging. Was zu neuen Streitigkeiten führte. Diesmal mit dem Bischof von Konstanz, der nicht begeistert war, dass Rom ihm Zuständigkeiten entzog. Aber auch mit den umliegenden Städten und Dörfern, die zum Kaiser hielten, hatten es sich die Mönche verscherzt, sodass sie die Reichenau nicht mehr ungefährdet verlassen konnten. Zu guter Letzt waren die Klosterangehörigen auch noch untereinander zerstritten, was die Sache nicht einfacher machte.

Von allen Seiten bedrängt und bedroht, griff Abt Konrad 1235 zu einem in seiner Zeit durchaus üblichen Mittel, um die Insel zu schützen: Er baute eine Burg. Um die Lage zu verstehen, muss man sich den Damm, mit dessen Bau erst 1835 begonnen wurde, wegdenken. Stattdessen war hier eine Flachwasserstelle, über die bei Niedrigwasser der Zugang zur Insel möglich war. Ende des 13. Jahrhunderts war die Burg Schopflen für mehr als drei Dekaden der Sitz der Äbte.

Im »Konstanzer Fischerkrieg« 1366 wurde sie dann zerstört, und heute sind nur noch die zehn Meter hohen und zweieinhalb Meter dicken Mauern erhalten. Ein Besuch lohnt trotzdem – aus zwei Gründen: Erstens hat man einen einzigartigen Blick auf das Ermatinger Becken, zweitens hat der NABU im »Inneren« eine Beobachtungsplattform für die Vogelwarte Radolfzell einbauen lassen, von der aus man sehr idyllisch Wasservögel beobachten kann.

Adresse Pirminstraße 1 (kurz vor der Insel), 78479 Reichenau | **ÖPNV** Bus 6, Haltestelle ZfP Reichenau | **Öffnungszeiten** immer zugänglich | **Tipp** Am Campingplatz Sandseele am anderen Ende der Insel gibt es nicht nur eine Seeterrasse, sondern auch phantastischen Fisch, einen herrlichen Blick auf den See und einen eigenen Cuvée – und Schwäne schwimmen auch vorbei.

73_Der Salon »Madame«

Waschen, schneiden, reden

Geboren 1936 in Holland, verschlägt es Dieter Böttcher in den 1960er Jahren nach Konstanz. Es gibt vor Ort schon den Salon Dieter und den Salon Böttcher, also muss eine neue Idee her. Die findet er mit der Zeitschrift »Madame«. Seit fast 60 Jahren heißt sein Coiffeursalon nun »Madame«, was sich als ungeplanter Glücksfall erwies. Da sich sein Laden im damals französischen Viertel befand, glaubten die Damen der Besatzungsoffiziere, der Salon habe nur für sie aufgemacht, und füllten vom ersten Tag an seine 17 Frisierstühle. Obwohl fußläufig gut zu erreichen, ließen sich die Damen von ihren Chauffeuren, die während der »Behandlung« draußen warteten, in Dieters Salon fahren, meist eine Flasche Champagner oder Ricard im Gepäck.

Das strenge Gesetz, dass Läden um 20 Uhr schließen mussten, galt für ihn nicht. Mit den Worten »Herr Böttcher, *wir* sind hier die Besatzungsmacht!« regelte die Frau des amtierenden Generals die Öffnungszeiten neu und machte klar, dass ab 20 Uhr die Damen ihre Ballfrisur bräuchten, was Dieter und seine sechs Angestellten sicherlich zur höchsten Zufriedenheit der Französinnen erledigten. Die Haare ziehen ins Land, die Franzosen gehen, und neue Kundschaft findet den Weg in Dieters Wohnzimmer. Was in diesem Fall kein Witz ist, denn die meiste Zeit findet man ihn entweder an dem kleinen Tischchen im Schaufenster sitzend oder an seinem Flügel in die Musik vertieft.

Nachdem er 2015 offiziell geschlossen hat, schneidet Dieter Böttcher nur noch ausgewählten Köpfen die Haare. »Jeder kann kommen, aber es gibt eine Gesichtskontrolle«, erklärt er die neuen Einlassregeln. Dass ihm ein Hurrikan in Las Vegas die linke Körperhälfte zertrümmert hat, wie er mit Tigerdresseur Siegfried verwechselt wurde und warum er Gorbatschow, Reagan und einen ehemaligen österreichischen Kanzler kennt, kann man in seinen zwei Büchern nachlesen oder sich persönlich erzählen lassen.

Adresse Steinstraße 11, 78467 Konstanz | ÖPNV Bus 2, 3, 4/13, 9A, 9B, 9C, 12, 13/4, 14, 908, Haltestelle Zähringerplatz | Öffnungszeiten wenn Dieter da ist | Tipp Leckeres Veggie-Food gibt es im SOL (Ebertplatz 4).

74_Der Saubach

Von Geistern und »aerger im paradis«

Für ein Gewässer, das keine 500 Meter überirdisch fließt, hat der Saubach eine Menge zu erzählen, und das hat auch wieder mit der Verteidigung der Stadt Konstanz zu tun. Hier am Rheinufer befand sich der westlichste Zipfel der städtischen Verteidigungsanlage, die Konstanz gegen das Tägermoos und den Rhein absicherte. Zwar waren Angriffe von dieser Seite selten, die Schweiz war neutral und der Rhein nicht der perfekte Ausgangspunkt für eine Erstürmung, aber beim »Spaniersturm« im 16. Jahrhundert und dem Angriff schwedischer Truppen im Dreißigjährigen Krieg hielten die Wehranlagen stand.

Da war zum einen der Grießeggturm, den man einst »aerger im paradis« (Erker im Paradies) nannte und der heute als »Paradieser Schlössle« bekannt ist. Ein Wehrturm, der als Eckpunkt des Erdwalls diente und dessen anderes Ende vom »Äußeren Paradieser Tor« bewacht wurde. Dazu kam ein vorgelagerter Graben, der den Schweden zum Verhängnis wurde. Ihre Sturmleitern waren zu kurz, und so mancher Soldat in schwerer Rüstung ging baden und tauchte nicht mehr auf. Dieser wassergefüllte Graben war der Saubach, der oberhalb von Kreuzlingen entspringt, bis zur Grenze unterirdisch verläuft und ab da selbst zur Deutsch-Schweizer Grenze wird.

Aber der Saubach hat noch mehr zu bieten. Ab Mitte des 17. Jahrhunderts wurde immer wieder von seltsamen Geräuschen, Gelächter und Gesängen berichtet. Sogar unheimliche Gestalten und Lichter wurden schon im Bach gesichtet.

Auch wenn sich nur wenige trauen, es auszusprechen, werden es wohl die »Saubach-Geister« gewesen sein, die hier ihre Heimat haben. Woher sie stammen, ist nicht ganz klar, aber sie scheinen mit den Elfen verwandt zu sein. So liest man es zumindest auf ihrer Website. Die Sache wird klarer, wenn man weiß, dass die Geister heutzutage vermehrt während der Fastnacht auftauchen und eigentlich eine Narrengruppe sind.

Adresse am Ende der Fischenzstraße, 78462 Konstanz, www.saubachgeister.de | **ÖPNV** Bus 5, 9A, Haltestelle Brüelstraße | **Öffnungszeiten** jederzeit zugänglich | **Tipp** An der südlichen Ecke des Restaurants »Papageno zur Schweizer Grenze« findet man einen 50 Zentimeter hohen Stein des ehemaligen »Äußeren Paradieser Tores« (Gottlieber Straße 64).

75__Die Schänzlebrücke

Oben Autos, unten Kunst

Neben der Alten Rheinbrücke gibt es die Neue Rheinbrücke, die auch Europabrücke genannt wird. Sie überspannt den Seerhein mit einer Länge von gut 300 Metern von Konstanz bis kurz vor Kreuzlingen, die Brücke landet somit fast in der neutralen Schweiz. Die doppelten Fahrbahnen auf jeder Seite werden von einem Standstreifen mit Rad- und Fußweg begleitet und bilden spektakuläre Fahrradspindeln, die es sogar in Location-Scout-Dateien geschafft haben.

Die Brücke selbst wurde 1980 nach fünfjähriger Bauzeit fertiggestellt und blieb dann für die nächsten drei Jahre eine »So-da-Brücke«. Nein, damit ist kein Erfrischungsgetränk, sondern eine Geisterbrücke ohne Anschluss an eine Straße gemeint. Erst 1983 wurde sie provisorisch ans Innenstadtverkehrsnetz angebunden. Die endgültige Fertigstellung musste wegen zahlreicher Anwohnereinsprüche bis 2007 warten.

Seit 2008 kann man auf der linksrheinischen Seite Graffitis bewundern. Besonders spannend ist der temporäre Charakter des Ortes, so werden die Murals immer wieder überstrichen und von anderen Künstlern neu gestaltet, hier wird Kunst im öffentlichen Raum geradezu zelebriert. Im Rahmen der grenzübergreifenden Kunstnacht 2014 entstand zusammen mit dem Kulturbüro der Stadt Konstanz und Emin Hasirci (Kürzel »Rusl«) ein großes Graffiti mit zehn überregionalen Graffiti-Künstlern. Live wurde von morgens bis tief in die Nacht übermalt, gesprayt und interagiert. Die nächste Kunstnacht drei Jahre später. Hier wurde erneut im städtischen Raum ein Bezug zwischen Kunstschaffenden, Betrachtern und Stadt hergestellt, dank Hebebühne diesmal auch in luftiger Höhe, einzige Vorgabe: ein Farbkonzept.

Die traditionelle Graffiti-Kunst, auch »Stylewriting« genannt, konzentriert sich auf die Gestaltung von Buchstaben, während Street-Art stärker mit figürlichen Darstellungen experimentiert. Am Schänzle findet man alles. Respekt!

Adresse Winterersteig 23/B 33, 78462 Konstanz | **ÖPNV** Bus 5, Haltestelle Schänzle-Sporthalle/Gartenstraße | **Anfahrt** B 33, rechts auf Gartenstraße abbiegen (Schänzle-Sporthalle) | **Öffnungszeiten** immer zugänglich, permanent wechselnde Graffitis | **Tipp** So viel Kunst macht hungrig. Frühstück oder auch tolle Kuchen gibt es im Café Auszeit in der Wallgutstraße 42.

76 Das Schloss Seeheim

Von Napoleon zu Mephisto

Als Napoleon Bonaparte 1815 sein Waterloo erlebte und nach St. Helena verbannt wurde, musste auch sein Neffe, der siebenjährige Prinz Louis-Napoléon Bonaparte, der spätere Kaiser Napoleon III., erst mal flüchten. Mit seiner Mutter Hortense de Beauharnais, der Ex-Königin von Holland, reiste er monatelang durch Frankreich und die Schweiz, um am Ende am Bodensee im Exil zu landen. Ein Jahr später erwarb Hortense de Beauharnais dann den Vorgängerbau des heutigen Schlosses Seeheim. Nach ihrem Tod wechselte es häufiger den Besitzer, bis schließlich der letzte Finanzminister von Bismarck, Adolf von Scholz, 1885 das Anwesen kaufte und die heutige Villa errichtete. Sein Sohn, der Dichter Wilhelm von Scholz, bewohnte sie bis 1969, und nach seinem Tod lebte seine Witwe noch bis 1986 hier. Als auch sie das Zeitliche segnete, blieb die Villa zwei Jahre lang verwaist, bis sich neue Eigentümer fanden.

Nach einer längeren und intensiven Restaurierung wurde das denkmalgeschützte Ensemble wieder der Öffentlichkeit zugänglich gemacht. Heute sind dort ein Café-Restaurant, ein Zimmertheater und Übernachtungsmöglichkeiten untergebracht. Tagsüber sitzt man sehr idyllisch auf der Terrasse mit Blick auf den See, während man abends ausgezeichnetes thailändisches Essen genießen kann. Wer möchte, mietet sich eine Suite im Schloss oder im Schlossgartenhaus und fällt nach dem Mahl direkt in die Federn. Wie ein Kaiser dürfte man sich hier auf jeden Fall fühlen. Wer mag, kann einen Blick auf den Spielplan des »Mephisto & Co«-Theaters im Schloss werfen. Spielort ist die stilecht restaurierte Beletage, die Platz für 50 Zuschauer bietet. Das Besondere: Nach der Vorstellung besteht die Möglichkeit, mit den Künstlern ins Gespräch zu kommen.

Egal, ob man Lust auf Kultur, einen Erholungsurlaub, einen Kaffee oder ein Thai-Curry-Dinner verspürt, hier wird man fündig. Bon appétit!

Adresse Eichhornstraße 86, 78464 Konstanz | **ÖPNV** Bus 5, Haltestelle Freibad Stadion | **Öffnungszeiten** von außen immer zugänglich; Infos zum Restaurant unter www.schloss-seeheim.com; Infos zur Ferienwohnung unter www.schlossgartenhaus.de; Infos zum Theater unter www.mephisto-co.de | **Tipp** Wer das Schloss vom See aus betrachten will, sollte zum Hafen spazieren, nach Meersburg übersetzen und dann zurück zum Fährhafen Konstanz-Meersburg schippern (www.stadtwerke-konstanz.de).

77_Das Schmetterlingsmädchen

Oh, wie schön ist Panama …

Wenn die Tage im Herbst wieder kürzer und grauer werden und sich der Nebel über den See legt, dann freut man sich über die kleinen farbenfrohen Momente.

Das Schmetterlingsmädchen mit seinen vielen umherflatternden Freunden verschönert wie zufällig den öffentlichen Raum. TUK, eine Kölner Street-Art-Künstlerin, hat ihre Stencil-Arbeit, eine Schablonentechnik, wie man sie auch von Banksy kennt, ganz bewusst an dieser Stelle platziert.

Von ihren Ausstellungen weiß man, dass TUKs Bilderwelten von ihren Reisen inspiriert sind und das Schmetterlingsmädchen eigentlich auf der Insel Bastimentos in Panama lebt, wo sie ihr beim Spielen auf der Straße begegnet ist. Weitere Exemplare findet oder fand man auf einem Stromkasten am Schänzle, in Köln hinter Gitterstäben und auf Teneriffa.

Doch was macht den Schmetterling so besonders? Andere Insekten wachsen nur, er verändert ganze drei Mal seine Gestalt: vom Ei zur Raupe und zum Kokon, um dann als Falter davonzufliegen. Diese Transformationen kennen wir nicht erst seit »Das Schweigen der Lämmer«, die Mythologie ist viel älter. In der Antike war das Verpuppen und Schlüpfen aus einem leblosen Kokon Sinnbild für Wiedergeburt und Unsterblichkeit, im christlichen Glauben ist es ein Symbol der Auferstehung und ein beliebtes Motiv auf Grabsteinen. In der griechisch-römischen Mythologie erscheint die Seele oft mit Schmetterlingsflügeln, wenn sie erlöst emporsteigt. Das deutsche Wort Schmetterling kommt übrigens von »Schmetten«, was »Schmand« bedeutet. Anscheinend wurden einige Schmetterlingsarten vom Butterschlagen angezogen. Nicht jedes Paste-up ist so lange geblieben wie das Mädchen in Konstanz, wahrscheinlich hat es oft genug »die Lotion genommen«.

Adresse Sankt-Stephans-Platz/Wessenbergstraße, 78462 Konstanz | **ÖPNV** Bus 1, 2, 3, 9A, 9B, 12, 14, Haltestelle Schottenplatz | **Öffnungszeiten** immer zugänglich | **Tipp** Das »Reykjavik – nordic lifestyle« in der Paradiesstraße 11 bietet viel schwarzes, aber auch buntes Lakritz, daneben Mode und Schönes aus Skandinavien.

78__Der Schottenfriedhof

Wer hat Angst vor Nachzehrern?

Wie kamen die Schotten nach Konstanz? Die Schottenkapelle, die Schottenstraße, der Schottenplatz und auch der Schottenfriedhof gehen auf eine zweite Christianisierungswelle durch iroschottische Wandermönche zurück, die im 11. Jahrhundert entlang der Pilgerwege versucht haben, Ungläubige zu bekehren.

Die Mönche gründeten im Hochmittelalter vor allem im süddeutsch-österreichischen Raum sogenannte Schottenklöster, und ein solches entstand 1142 auch auf dem heutigen Schulhof des Alexander-von-Humboldt-Gymnasiums. Nachdem die Klosteranlage St. Jakob 1529 abgetragen worden war, nutzte man die Fläche ab 1541 als städtischen Friedhof, auf dem sich folgende Geschichte zugetragen haben soll:

Im 16. Jahrhundert zieht der Nachtwächter eines Abends seine Runden über den Friedhof, um zu sehen, ob nicht Grabräuber ihrem schändlichen Treiben nachgehen, als er eine weiße Frauengestalt erblickt, die weinend vor einem Grab kauert. Der Schreck fährt ihm in die Glieder, und in der folgenden Nacht holt er sich Unterstützung. Als die Gruppe, bestehend aus Nachtwächter, Stadtwache, Totengräber und vermutlich auch Henker, sich der trauernden Gestalt nähert, verschwindet sie. Nun nehmen sie das Grab in Augenschein, es ist die letzte Ruhestätte einer jüngst verstorbenen Frau. Sie öffnen es und entdecken einen Säugling, den die hochschwangere Verstorbene nach ihrer Beerdigung tot zur Welt gebracht hat. Nach dessen Begräbnis ward die weiße Frau nie mehr gesehen.

So weit die Legende. Tatsächlich fand man bei Ausgrabungen auf dem Schottenfriedhof rund 1.300 Skelette in Einzel- und Massengräbern. Darunter auch sogenannte »Nachzehrer«, Menschen, die wohl schon zu Lebzeiten unbeliebt waren und den Lebenden ihre Energie aussaugten. Daher wurden sie mit einem Stein im Mund und in Bauchlage beerdigt, aus Angst, sie könnten sich selbst wieder ausgraben. 1870 wurde der Friedhof dann nach Petershausen verlegt.

Adresse Schottenplatz 2, 78462 Konstanz | **ÖPNV** Bus 1, 2, 3, 9A, 9B, 12, 14, Haltestelle Schottenplatz | **Öffnungszeiten** immer zugänglich | **Tipp** Mehr düstere Geschichten gibt es bei der Henkerführung der Stadt Konstanz. www.konstanz-info.com.

79_Die »Schwörenden Finger«

So wahr mir Gott helfe

Einer Luzerner Eidesermahnung von 1671 zufolge symbolisiert bei der Schwurhand, also dem erhobenen Daumen, Zeige- und Mittelfinger, der Daumen Gott Vater, der Zeigefinger Gott Sohn und der Mittelfinger den Heiligen Geist. Gern noch ergänzt um den Zusatz »So wahr mir Gott helfe« und gelegentlich die Ansage, was passiert, wenn man sich nicht an den Schwur hält (»Der Blitz soll mich treffen«). Natürlich wird hier und da auch mal auf andere Institutionen – »Beim Barte des Propheten«, »Bei meiner Oma« oder »Bei meiner Seel« – zurückgegriffen. Der religiöse Teil des Eides sollte vor allem im Mittelalter die drastischen Folgen eines Meineides vergegenwärtigen.

So konnten Eide vor Gericht die Menschen in schwierige Entscheidungssituationen bringen. Die Wahrheit sagen und dafür im Diesseits bestraft werden oder lügen und dafür in der Hölle schmoren? Dazu noch die Aussicht, bei einem geleisteten Meineid, zumindest im Mittelalter, eine Hand kürzer gemacht zu werden, dürfte bei vielen für enormen Entscheidungsdruck gesorgt haben. Da ist man heute etwas entspannter, auch wenn ein Meineid noch immer kein Kavaliersdelikt ist. Aber die schwörende Hand bleibt zumindest dran. Außer im Torbogen der Konstanzer Torgasse. Hier sieht man lediglich die drei nach oben gereckten Finger. Dass sich darunter der dazugehörige Körper oder die Hand befindet, scheint eher unwahrscheinlich.

Erschaffen hat die »Schwörenden Finger« der Künstler Franz Gutmann, dem die Stadt auch einen Brunnen verdankt, den Münsterbrunnen am gleichnamigen Platz. Wer sich wundert, warum der Künstler diesen abgelegenen Ort für seine Finger ausgesucht hat, sollte wissen, dass sich in unmittelbarer Umgebung das Amts- und Landgericht sowie eine JVA befinden. Der Innenhof des Landgerichts ist betretbar, man läuft hier auch gern mal einem Vollzugsbeamten über den Weg. Ich schwöre!

Adresse Torgasse, 78462 Konstanz | ÖPNV Bus 1, 2, 3, 5, 9A, 9B, 12, 14, Haltestelle Laube / Niederburg | Öffnungszeiten immer zugänglich | Tipp Mehr nackte Haut gibt es ein paar Meter weiter, wenn man durch den Torbogen geht. Dort steht der Konstanzer Triumphbogen, ein Brunnen von Peter Lenk, der auch die Imperia im Hafen erschaffen hat.

80_Das Seebad Wallhausen

Planschen, putten und Pommes

Um wildes Baden in Zukunft zu verhindern, beschließt der Gemeinderat 1907, das Seebad als echte Badestelle auszuweisen. Tafeln werden aufgestellt und eine entsprechende Infrastruktur geschaffen. Per Polizeiverordnung ist es untersagt, außerhalb der gekennzeichneten Flächen ins Wasser zu gehen, das hatte hygienische wie auch naturschutzrechtliche Gründe.

Heute ist das Strandbad vor allem bei Familien wegen des langsam abfallenden Uferbereichs und des langen Sand- und Kiesstrands beliebt. Außerdem kann man zwischen Zwergen und Fischreihern auf einer 18-Loch-Minigolfanlage an seiner Putt-Technik feilen.

Als das alte Strandbad in die Jahre kam, entschloss man sich, ein Gebäude als neuen Anziehungspunkt für Besucher zu bauen. Das heutige Eingangsgebäude erinnert an eine Mischung aus ortstypischen historischen Pfahlbauten und ein durch Rampen erschlossenes Bootshaus. Über flache Rampen, die den Bootshauscharakter noch verstärken, sind sämtliche Räume barrierefrei zugänglich. Durch die Holzkonstruktion und die Eichenholzschindel-Außenverkleidung fügt es sich gut in die geschützte Landschaft am See ein. Eine großzügige Außenterrasse empfängt ankommende Besucher mit einer einladenden Geste und gibt den Blick auf die offene Landschaft und das Badegelände frei. Der natürlichen Landschaft folgend, befinden sich die Umkleidekabinen und Sanitärbereiche im Gartengeschoss.

Das Restaurant »Ufer 39« liegt direkt am Eingang. Der Gastraum ist ungewöhnlich hoch, und durch die Oberlichter im Satteldach fällt viel Licht – der Raum wirkt fast sakral, und auch im Inneren schafft das Holz eine wunderbare Atmosphäre und Aufenthaltsqualität. Nicht weiter überraschend, dass es einen österreichischen und einen baden-württembergischen Holzbaupreis für dieses Gebäude gab. Im Dachgeschoss befinden sich die Räumlichkeiten der DLRG, natürlich mit Blick auf den See. Mehr Baywatch geht wirklich nicht!

Adresse Uferstraße 39, 78465 Wallhausen, www.konstanzer-baeder.de | ÖPNV Bus 4/13, 13/4, Haltestelle Wallhausen / Hafen | Öffnungszeiten je nach Witterung; Eintritt frei | Tipp Wer sich genug erholt hat, kann im nahe gelegenen Wald auf einem der ausgewiesenen Rundwege auf Wanderschaft gehen. Los geht's am Waldparkplatz an der Heinrich-von-Tettingen-Straße.

81 Die Seestraße

Dunkle Begierde unter Palmen

Die Seestraße ist eine herrliche, mit Platanen bepflanzte Promenade am Ufer des Konstanzer Trichters, birgt mehrere dunkle Geheimnisse und ist einer der schönsten Verweilorte der Stadt. Während der schwärzesten Zeit der deutschen Geschichte wurde die Straße in »Adolf-Hitler-Ufer« umbenannt. Ihre Faszination mag von den prachtvollen Jugendstilhäusern herrühren, die vermutlich so harmonisch wirken, weil der Baumeister Jakob Walther den gesamten Gebäudekomplex 1 bis 11 realisiert hat. Aber auch der Ort an sich ist sehr besonders, weil man von hier aus das Bodenseepanorama mit der atemberaubenden Bergkulisse des gegenüberliegenden Schweizer Ufers, gipfelnd im 2.503 Meter hohen Säntis, genießen kann.

Dieser Instapoint wurde zum perfekten Drehort für den Film »Eine dunkle Begierde« mit Keira Knightley. Das historische Filmdrama spielt zu Beginn des 20. Jahrhunderts in Zürich. Konstanz konnte allerdings mit seinem unverbauten Ufer und den Jugendstilbauten am See direkt beim kanadischen Regisseur David Cronenberg punkten. Nur die Neue Rheinbrücke wurde »nachbearbeitet«, um in die Zeit zu passen. Die Geschichte um die Dreiecksbeziehung zwischen dem Psychiater C. G. Jung, seiner Patientin Sabina Spielrein und Sigmund Freud, dem Begründer der Psychoanalyse, ist angelehnt an eine wahre Begebenheit.

Ein Glück, dass die Burghölzliklinik in Zürich gerade renoviert wurde, so konnte das Humboldt-Gymnasium in Konstanz als alternativer Drehort zum Einsatz kommen, und das Eckhaus in der Seestraße wurde zur Wohnung der hysterischen Sabina Spielrein. Wer sich nur dunkel erinnert, sollte sich den Film noch mal anschauen oder wie die Hauptdarsteller Platz auf einer der Bänke an dem mit Palmen bepflanzten Kreisel nehmen, gedanklich eine Pferdekutsche vorbeifahren lassen und von einem Kuss mit Michael Fassbender träumen. Die Filmbank gibt es allerdings nicht.

Adresse Seestraße/Glärnischstraße 1, 78462 Konstanz | ÖPNV Bus 1, 2, 3, 4/13, 5, 6, 9A, 9B, 12,13/4, 14, 908, Haltestelle Sternenplatz | Öffnungszeiten immer zugänglich | Tipp Textnachrichten auf Platanen. Die freischaffende Künstlerin Rebecca Koellner hat verschiedene Bäume auf der Seestraße mit lyrischen Texten versehen – ihre Kunstaktion heißt »Tag und Nacht« und regt hoffentlich zum Nachdenken an.

82 Das SILO

Unverpackt? BIN dabei!

Gut vorbereitet durch den Aufbau ihres ersten »Unverpackt«-Ladens, bringt Julie Reineke im Herbst 2018 drei ökologisch interessierte Konstanzer zusammen, und sie beginnen mit der Planung des SILO. Mit etwas Glück finden sie nach nur zwei Monaten ein passendes Ladenlokal an der Oberen Laube und starten mit dem Umbau.

Ganz im Sinne des Recyclings integrieren sie viele Einrichtungsteile des alten Geschäfts oder verwenden sie in anderer Form weiter. Weil sich auch im SILO nichts in unnötigen Verpackungen darbieten soll, dreht sich ein großer Teil der Arbeit um die »Bin-Regale«. Bins sind die Behälter, in denen die Lebensmittel auf ihre Abnehmer warten. Abgefüllt werden sie dann in mitgebrachte oder vor Ort erstandene Gefäße. Um ihrem Anspruch, möglichst ökologisch und nachhaltig zu wirtschaften, gerecht zu werden, achten sie bei ihren Waren auf regionale und faire Herstellung in Bioqualität sowie auf Anlieferung in möglichst unverpackten Großgebinden. Angeboten wird alles, was das Herz ernährungsbewusster und ökologisch denkender Menschen höherschlagen lässt: von Getreide, Nüssen und Honig über Brot, Tofu und Kaffee bis hin zu Kosmetik und Körperpflegeprodukten.

Dazu gibt es im SILO auch noch ein »Zero-Waste-Café« mit Frühstückskarte. Wichtig für eine Studierendenstadt wie Konstanz: Das vegetarische oder vegane Frühstück wird ganztägig angeboten. Dass es Kaffee und Tee mit Milch auch in gluten- und laktosefreien Varianten gibt, muss wohl kaum noch erwähnt werden. Mittlerweile ist das ursprüngliche Team, bestehend aus Julie Reineke, Julia Zachenbacher, Susan Rößner und Bernhard Clasen, um sieben weitere Mitglieder gewachsen. Unsere Empfehlung: Einfach mal auf einen Kaffee und ein Stück Kuchen reinschauen, sich von den unverpackten Lebensmitteln kulinarisch inspirieren lassen und einen garantiert ressourcenschonenden Plausch mit den Inhabern halten!

Adresse Obere Laube 65, 78462 Konstanz | ÖPNV Bus 1, 2, 3, 9B, 12, 14, Haltestelle Bürgerbüro | Öffnungszeiten Mo – Fr 9 – 18.30 Uhr, Sa 9 – 18 Uhr | Tipp Ein Stück weiter in Richtung Rhein findet man auf dem Mittelstreifen der Oberen Laube, gegenüber der Lutherkirche, das Jan-Hus-Denkmal. Der böhmische Theologe wurde während des Konzils auf dem Scheiterhaufen verbrannt.

83 Die Sk8rampe

Einfach fallen lassen

Um nachvollziehen zu können, was es heißt, in dieser Halfpipe eine Runde zu drehen, stellt man sich am besten Folgendes vor: Man positioniert sich im ersten Stock mit einem Skateboard auf dem Geländer des Balkons, das Gewicht auf dem Teil, der noch auf dem Geländer ist. Dann bringt man den zweiten Fuß auf die in der Luft schwebende Spitze des Bretts und lässt sich einfach nach vorne fallen, die senkrechte Wand hinunter. Auf Höhe der Fenster im Erdgeschoss etwa setzt dann eine Biegung ein, die einen auffängt, idealerweise noch auf dem Brett fahrend.

Aber Bernt Jahnels Skateanlage ist auch nicht für Hobbyskater oder als Spielplatz gedacht, sondern eine wettkampftaugliche Sportanlage. Heiß begehrt unter anderem bei Profiteams, seit Skaten olympisch geworden ist und es in Europa keine vergleichbare Anlage gibt. Das Besondere und für den Laien schwer erkennbar ist die Verbindung der unterschiedlich großen Halfpipes. Normalerweise werden sie einfach in verschiedenen Größen nebeneinandergebaut, hier sind drei Radien miteinander verbunden, sodass man alle komplett durchsurfen kann.

Eine weitere Eigenheit: Bernt hat sie in kompletter Eigenregie gebaut. Als Mitglied der ältesten Skaterszene Deutschlands war er schon an mehreren Anlagen beteiligt und hat einfach das Material aus drei abgerissenen Skateparks hier eingebaut. Ein skatender Zimmermann, dessen Chef ihm dafür drei Wochen bezahlten Urlaub gegeben hat, und zwei damals arbeitslose Kumpel drückten die Lohnkosten auf null, und nach drei Wochen war die hölzerne Unterkonstruktion fertig. Ein Blick unter die Rampen lohnt! Nach weiteren sechs Monaten war dann der Rest fahrfertig, und zur Einweihung gaben sich sogar amerikanische Topteams die Rollen in die Hand. So hat sich Bernt Jahnel nicht nur den Traum einer eigenen Rampe erfüllt, sondern auch noch der europäischen Skaterszene eine einzigartige Anlage beschert.

Adresse Unisport-Gelände, 78462 Konstanz | ÖPNV Bus 4/13, 13/4, Haltestelle Egg/Uni | Öffnungszeiten Gelände frei zugänglich, Anlage nur an bestimmten Tagen, Infos unter www.skateshop-konstanz.de | Tipp Von hier kann man einen Spaziergang auf der phantastischen Graf-Lennart-Bernadotte-Allee (Mainaustraße) bis zur Insel Mainau machen.

84 Die Spitalkellerei

Die Weinwitwe aus »Über-See«

Einst lebte eine bucklige und schweinsrüsselige Jungfer mit Namen Wendelgard von Halten auf der anderen Seite des Sees. Sie nahm das Essen aus einem silbernen Trog zu sich, war also sehr vermögend. Eines schönen Tages wollte sie nicht mehr allein speisen und machte dem Rat der Stadt Meersburg ein lukratives Angebot. Jeweils sonntags sollte ihr einer der Herren beim Essen Gesellschaft leisten und eine Kutschfahrt mit ihr unternehmen. Abgestoßen von ihrem Äußeren, verweigerten die Meersburger ihr die Bitte. Der Rat der Stadt Konstanz nahm das Angebot jedoch an, und mit diesem Versprechen kam die Haltnau, ein historisches Rebgut, das an der Uferstraße zwischen Meersburg und Hagnau am Bodensee liegt, in Konstanzer Besitz.

Eine Urkunde im Stadtarchiv betrachtet die Sache nüchterner. Danach schenkte am 6. November 1272 ein Konstanzer Bürger dem Heilig-Geist-Spital einen Weinberg in »Halthuon« mit der Bestimmung, dass das Spital nach seinem Tod seiner Witwe jährlich 20 Eimer Wein, ungefähr 1.400 Liter, abliefern solle. Eine trinkfeste Dame!

Nicht nur der See, auch die phantastischen Lagen und die lange Tradition machen die Spitalkellerei aus. In dem aus dem Mittelalter stammenden Kellergewölbe wird auch heute noch der Wein ausgebaut und zur Reifung gelagert. Die Trauben kommen von der Konstanzer Sonnenhalde, die sich aus zwei getrennten Weinbergflächen zusammensetzt, dem Raitheberg unterhalb des Bismarckturms und dem Sierenmoos etwas östlich davon, sowie von der Meersburger Haltnau auf Meersburger Seeseite. Mit etwas Glück kann man im Herbst beobachten, wie die Trauben mit der Fähre nach Konstanz geschippert werden. Nach wie vor wird auch heute noch ausschließlich von Hand geerntet. Probieren kann man die Weine sowohl im Restaurant des Rebguts Haltnau als auch in der hauseigenen Vinothek in Konstanz.

Lust bekommen? Dann nix wie hin!

Adresse Brückengasse 16, 78462 Konstanz, www.spitalkellerei-konstanz.de | ÖPNV Bus 1, 2, 3, 4/13, 6, 9A, 9B, 12, 13/4, 14, 908, Haltestelle Konzilstraße | Öffnungszeiten Mo–Fr 10–18 Uhr, Sa 10–14 Uhr | Tipp Wer statt Weinetiketten lieber Kunst begutachten möchte, kann dies im Kunstverein Konstanz in der Wessenbergstraße 39/41 tun (Di–Fr 10–18 Uhr, Sa, So 10–17 Uhr).

85_Die Stedi

Mehr als ein Kiosk

Die Insel Reichenau ist viereinhalb Kilometer lang und anderthalb Kilometer breit, das zweitsüdlichste Weinanbaugebiet Deutschlands und seit 2000 in die Weltkulturerbeliste der UNESCO aufgenommen. Sie liegt im Untersee und ist erst seit 1838 durch einen künstlich aufgeschütteten Damm mit dem Festland verbunden. Das Besondere der Insel sind ihre drei romanischen Kirchen, die Reichenauer Abtei war als geistiges Zentrum des Abendlandes von großer Bedeutung. Heute pilgert man zu einem kleineren Örtchen und dem neuen Inseltreffpunkt: dem Stedi-Kiosk.

Boris Petersen hat sich hier einen Traum erfüllt. Der ehemalige Geschäftsführer von »Bei Riebels« (er kann auch Fischbrötchen) eröffnete 2017/18 den Kiosk, und seit 2020 gehört auch der Fahrrad- und Kanuverleih an der Anlegestelle mit dazu. Hier gibt es alles unter einem Dach, auch Fährfahrkarten für BSB und URh.

Der Kiosk selbst ist ganzjährig geöffnet, im Sommer werden Konzerte aller Art mit regionalen Künstlern veranstaltet, aber auch mit befreundeten Bands aus Kanada oder Australien. Von Singer-Songwritern bis zu Bluesmusikern – alle lieben diesen besonderen Ort. Auf der Terrasse oder Wiese kann die Weinschorle 70/30, die extra für den Kiosk mit Biowein aus der Pfalz hergestellt wird, konsumiert werden, gern auch mit einem Schuss Aperol. Ein Eiskaffee in der Sonne? Ob warm oder kalt, gezaubert werden die Kaffeespezialitäten mit einer guten Siebträgermaschine. Im Winter versammeln sich die Inselbewohner oft um eine Feuerschale und trinken den ein oder anderen Glühwein.

»Stedi« ist eine kleine Hafenanlage. Ursprünglich nutzten Fischer oder Kapitäne natürliche Schutzräume wie Flussmündungen und Buchten im Lee von »Hörnern« oder »Stedis«, künstlich angelegte, meist unbefestigte Landeplätze, die durch Steine und Reisigbündel geschützt waren. Was wenige wissen: Die Stedi ist auch ein toller Badeplatz, also nix wie rein ins Vergnügen!

Adresse An der Schiffslände 1, 78479 Reichenau | ÖPNV Bus 2/12 vom Bahnhof Konstanz, dann Bus 204, Haltestelle Reichenau Stedigasse/Anlegestelle, oder mit der Bodenseeschifffahrt von Konstanz Hafen zur Reichenau, Infos unter www.bsb.de | Öffnungszeiten Kiosk: Mo–So 9–22 Uhr; Fahrrad und Kanuverleih: März–Mitte Okt. täglich 9–19 Uhr, Boote vorab reservieren unter Tel. 0178/8437023 oder per Mail an stedi-verleih@mail.de | Tipp Wer sich den Damm genauer anschauen möchte, kann einmal mit dem Kajak um die Insel paddeln und anschließend ein kühles Bier auf der Terrasse genießen.

86 Der Steg 5

Wasserski für jedermann

100 Jahre Wasserski. Zu verdanken ist das dem Erfindergeist von Ralph Wilford Samuelson. Als passionierter Skifahrer wollte er nicht glauben, dass Skifahren auf dem Wasser nicht auch möglich sei. Der Amerikaner schaffte es nach einigen Versuchen, für die er belächelt und verspottet wurde, auf zwei klobigen Holzbrettern über den Lake Pepin in Minnesota zu gleiten.

Akrobatische Darbietungen gibt es auch in der Wasserskiabteilung des Deutsch-Schweizerischen Motorboot-Clubs (DSMC e. V.), gegründet 1968, deren Show sogar im Guinnessbuch der Rekorde eingetragen ist – mit dem Aufbau einer dreistöckigen Wasserski-Pyramide hinter einem Schaufelraddampfer als Zugfahrzeug. 2007 gelang dann die erste von einer europäischen Amateur-Wasserski-Showgruppe gefahrene Viererpyramide.

Schon beim Start stockt einem der Atem, wenn alle Beteiligten gleichzeitig von einem Startfloß losfahren, um sich dann allmählich in die Höhe zu formieren. Wer so viel aquatische Eleganz live sehen möchte, sollte beim Seenachtsfest an der Seestraße Ausschau halten. Für alle Wagemutigen, Geburtstagsgruppen oder Junggesellenabschiede gibt es samstags beim »Wasserski für jedermann« die Möglichkeit, den Sport mal selbst auszuprobieren.

Treffpunkt ist der Steg 5. Mitbringen sollte man Badesachen und ein Handtuch. Material, Bootsfahrer und Beifahrer werden gestellt. Je nach Gruppengröße wird das Floß mitgenommen, auf dem die Nichtfahrer sich dann so lange vergnügen können, bis sie ins kühle Nass ein- und hoffentlich direkt auch wieder auftauchen. Los geht es meist im Juni, nach der Winterpause, bei etwa 16 Grad Wassertemperatur. Schwimmen sollte man auf jeden Fall können, und wer sich in den Sport verliebt, kann vielleicht irgendwann bei einer Wasserski-Show mitfahren und Teil der »Double Top Four High« werden – einer Viererpyramide, bei der oben gleich zwei Personen stehen.

Adresse Steg 5, Außenmole (gegenüber Ausgang SEA LIFE direkt am Hafenbecken), 78462 Konstanz | ÖPNV Bus 1, 2, 3, 3/13, 5, 6, 9A, 9B, 12, 13/4, 14, 906, 908, Haltestelle Marktstätte/Bahnhof Konstanz | Öffnungszeiten Wasserski für jedermann Sa 14–18 Uhr, sonstige Termine unter www.deutsch-schweizerischer-motorbootclub.de, Anmeldung unter Tel. 07531/26658 | Tipp Für den kleinen oder großen Hunger einfach ein paar Meter Richtung Marktstätte laufen und in der Hafenhalle, einer ehemaligen Güterhalle, einkehren. Draußen gibt es einen Biergarten mit herrlichem Blick auf den Hafen.

87_Der Steinbock

Höhe ist relativ

Steinböcke sind begnadete Kletterer, was an der Anatomie ihrer Hufe liegt. Deren Kanten sind aus hartem Horn, damit hacken sie sich an Felsen und Steinen ein, ziehen sich nach oben oder halten ihre Position. Dazu haben sie einen weichen Fußballen, der sich wie Knetmasse um Unebenheiten legt. So können die Tiere alle Steigungen der Berge überwinden. Eine Fähigkeit, um die sie die Besucher der Boulderhalle »der Steinbock« sicherlich beneiden.

Bouldern ist eine Form des Kletterns ohne Sicherungsseil, bei der nur bis Absprunghöhe geklettert wird, das heißt nur so hoch, dass ein Absprung noch ohne wesentliches Verletzungsrisiko möglich ist. In der Halle hier sind das drei bis viereinhalb Meter, eine Höhe, die für die echten Steinböcke vermutlich noch unter Tiefebene läuft, aber dem ein oder anderen Neuling schon Respekt einflößt. Doch keine Sorge, die Halle ist mit dicken Matten für sanfte Landungen ausgelegt.

Ist beim Klettern meist die Länge entscheidend, ist es hier der Schwierigkeitsgrad, der das Ganze spannend macht. Boulderprobleme lösen bedeutet, eine optimale Kombination aus Kraft, Ausdauer und Geschicklichkeit zu finden, auch ohne Hufsohle, dafür mit ausleihbaren Kletterschuhen. Die ersetzen zwar nicht die Zauberfüße der Steinböcke, helfen aber mit ihrer guten Reibung, eine der 150 Routen zu finishen. Über 4.000 Plastikgriffe, in den verschiedensten Schwierigkeitsstufen verschraubt, bieten vom Anfänger bis zum Champion-Steinbock allen genügend Möglichkeiten, »sich die Arme dick zu machen«.

Die im Eigenumbau 2019 entstandene Halle bietet außerdem noch einen speziellen Kinderbereich, eine Trainingsarea und zum späteren Analysieren der eigenen Fähigkeiten einen Gastrobereich mit Kaffee und Snacks. Da Boulderer ähnlich den Steinböcken auch gern zusammen unterwegs sind, lohnt ein Besuch auf jeden Fall – hier findet man bestimmt Anschluss!

Adresse August-Borsig-Straße 20, 78467 Konstanz, www.dersteinbock-konstanz.de | ÖPNV Bus 6, 15, Haltestelle Fritz-Arnold-Straße | Öffnungszeiten Mo – Fr 10 – 23 Uhr, Sa, So 9 – 22 Uhr, Eintritt: 11 Euro, ermäßigt 10 Euro; Infos zu Kursen siehe Website | Tipp Wer nach so viel Höhe Lust auf eine kühle Erfrischung hat, kann im Biergarten »Die Bleiche« in der Bleichstraße 8 am Seerhein runterkommen.

88 Die Steinmännchen

Stein auf Stein

Wenn man den Wendelgardweg von der Bodensee-Therme Richtung Innenstadt geht und hinter dem Bootssteg um die Kurve schaut, blickt man auf einmal über ein Meer aus Steinmännchen am See. Das Szenario hat, zusammen mit der Kulisse des Sees, den Bergen und der Silhouette der Altstadt, etwas Magisches. Gedanken an Wassernymphen, Seejungfrauen oder kleine Kobolde kommen einem in den Sinn. Allein die schiere Anzahl und die künstlerische Formenvielfalt lassen einen innehalten. Meist steht oder liegt auch ein engagierter Hobbyfotograf auf dem Kiesstrand, auf der Suche nach dem optimalen Winkel für das perfekte Foto.

Die Gründe, warum Menschen Steine übereinanderstapeln, sind meist religiöser oder kultureller Natur. Oft sind die Steinmännchen Wegmarkierungen. Gerade in unübersichtlichem oder unwegsamem Gelände, in dem man schnell die Orientierung verliert, sollen sie helfen, den richtigen Weg zu finden. Freeclimber, die ihre Kletterspots in unerschlossenem Terrain finden müssen, kennzeichnen so Weggabelungen und weisen die Richtung zum Fels. Genauso helfen die Steinmännchen dabei, auf unmarkierten Wanderwegen nicht verloren zu gehen. Daher ist auch jeder angehalten, sie mit weiteren Steinen zu erhalten oder gegebenenfalls zu erneuern.

Gelegentlich begegnet man Steinhaufen auch als Gipfelzeichen anstelle eines Gipfelkreuzes oder als Grenzmarkierung. In Skandinavien sollen sie Wanderer vor bösen Trollen schützen, und jeder Vorbeigehende sollte einen Stein hinzufügen, um unbehelligt zu bleiben. Auch im Wasser sollen sie Schutz bieten, indem sie auf Untiefen aufmerksam machen. Besonders kunstvoll werden sie in Tibet geschichtet, angemalt und mit bunten Fahnen und Tierskeletten geschmückt. So sollen gute Geister gewürdigt und ihre Gegenspieler vertrieben werden.

Warum genau hier so viele Steinmännchen aufgeschichtet sind, ist bisher unklar.

Adresse Wendelgardweg, 78464 Konstanz | ÖPNV Bus 5, Haltestelle Bodensee-Therme | Öffnungszeiten immer zugänglich | Tipp Nach einem Spaziergang am Seeufer bietet sich die Außenterrasse des Restaurant »Seelig« für eine Rast an (Zur Therme 2, Mo, Di, Fr, Sa 11.30–15 und 17.30–22 Uhr, So 11.30–20 Uhr).

89__St. Katharina

Vom Kloster zur Ruine zum Biergarten

Orte, die man nur zu Fuß oder mit dem Fahrrad erreichen kann, haben ihren ganz besonderen Reiz, denn man muss sie sich »erarbeiten«. So strahlt auch diese Lichtung im Mainauwald eine mystische Faszination aus. Hier stehen die letzten Überreste des der heiligen Katharina geweihten ehemaligen Augustiner-Eremitinnen-Klosters. Früher gehörte das im Jahr 1260 gestiftete Augustinerkloster noch zu Allmannsdorf, heute zählt die Exklave gemeinsam mit der Insel Mainau zu Litzelstetten.

Einst lebten hier Klosterfrauen ohne ewiges Gelübde, die ein asketisches und andächtiges Leben führten. Das Kloster selbst ist im 14. und 15. Jahrhundert durch eine Einsiedelei belegt, dessen bekanntester Bewohner wohl Bruder Konrad Wurster war, der im Bruderhaus im Wald samt zugehöriger Kapelle lebte und nach dem der umliegende Wald jahrzehntelang »Wursterwald« genannt wurde. Für kurze Zeit gewann das Kloster an Popularität und wurde zum regionalen Wallfahrtsort – schuld daran war das wundertätige Kreuz von Bernrain, welches im Zuge der Reformationswirren den Weg dorthin fand.

Doch mit der Zeit wurde das Kloster dem bischöflichen Ordinariat unterstellt und 1809 endgültig aufgehoben. Die verbliebenen zehn Nonnen mussten gehen, und alles wurde versteigert. Die eigentlichen Gebäude wurden nach 1815 weitestgehend abgerissen. Natürlich ist so ein Ort auch voller Gruselgeschichten: 1633, als der Nebel vom See heraufzog und der Wind stürmisch die letzten Blätter von den Ästen fegte, soll das Kloster zum Schutz vor Plünderung durch die Schweden urplötzlich verschwunden sein.

Sieht man sich die Gebäude so an, kann man erahnen, wie verlassen und verfallen dieser Ort war, bis 2013 im ehemaligen Klosterhof dieser wunderbare, zum Unternehmen Mainau gehörende Biergarten eröffnete. Hochzeitsgesellschaften, Geburtstagsfeiern und im Winter ein Adventsmarkt sind beliebte Veranstaltungen.

Adresse St. Katharina 1, Parkplatz Insel Mainau an der L 219, 78465 Konstanz | **ÖPNV** Bus 4/13, 13/4, 14, Haltestelle Mainau | **Öffnungszeiten** bei schönem Wetter Fr 13–18 Uhr, Sa, So und Feiertage 11–18 Uhr | **Tipp** Die erste Etappe des Premiumwanderwegs SeeGang von Konstanz nach Wallhausen führt direkt hier vorbei. Wer das wundersame Kreuz sehen möchte, wandert zur Heilig-Kreuz-Kirche in der Bernrainstraße 71 in Kreuzlingen.

90_Das Strandbad Horn

Baden mit Blick auf den Säntis

Vier Kühe und drei Schafe des Wirts vom Waldhaus Jakob grasen 1924 auf 50.000 Quadratmetern Liegewiese im mit 600 Metern Uferlänge größten Strandbad am Bodensee. Dass die Damen in ihren Baumwollkleidern nicht weit schwimmen können und vom Gewicht der vollgesaugten Kleider nach unten gezogen werden, kümmert sie wenig.

Der Bürgermeister Otto Moericke verbietet die weitere Verunreinigung durch Kuhdung und lässt nur ein Jahr später ein fahrendes Aborthäuschen installieren. Da am »Hörnle«, wie die Konstanzer ihr Strandbad seit über 100 Jahren liebevoll nennen, vielfach wildes Baden stattfindet, beschließt der Gemeinderat 1918, die Sache offiziell zu machen: Das Areal wird abgeschrankt, ein Floß ausgebracht und die Einstellung eines Bademeisters beschlossen – das Ratsprotokoll gilt als die Geburtsstunde des Freibads Horn. Dem Klerus geht ein Freibad ohne Geschlechtertrennung eindeutig zu weit, dort fürchtet man den Verfall von Sitte und Moral, für Konstanz eine nicht ganz neue Erfahrung!

Aber auch im sogenannten »Zwickelerlass« des preußischen Innenministeriums von 1932 heißt es: »Männer dürfen öffentlich nur baden, falls sie wenigstens eine Badehose tragen, die mit angeschnittenen Beinen und einem Zwickel versehen ist.« Ab 1943 ist das Schwimmen wegen der Gefahr von alliierten Tieffliegerangriffen komplett untersagt. Nach Ende des Krieges trennt für vier Jahre ein Stacheldrahtzaun das Bad, schwimmen gehen beide Seiten, die Konstanzer und das französische Militär.

Militant geht auch Bademeister Wilhelm Breimaier vor, bis Mitte der 60er Jahre macht er seinen ersten Kontrollgang morgens um sechs Uhr mit abgerichtetem Hund und Waffe, um die Umkleidekabinen vor Spannern zu sichern. Für alle, die blankziehen wollen, heißt es: Ab durch die Hecke! Hier gibt es einen abgetrennten Bereich für die nahtlose Bräune.

Adresse Eichhornstraße 100, 78464 Konstanz, www.konstanzer-baeder.de | ÖPNV Bus 5, Haltestelle Strandbad Horn | Öffnungszeiten Sommersaison circa Mitte Mai–Sept., witterungsbedingte Änderungen möglich | Tipp Hunger nach dem Schwimmen? Dann auf ins Restaurant Waldhaus Jakob in der Eichhornstraße 84 (Mo–Sa 7–23 Uhr, So 7–21 Uhr)!

91_Der Surfbauch

Eine Schule, die deinen Namen trägt

Nein, wer zu viel surft, bekommt nicht wie bei übermäßigem Genuss von Bier einen gleichnamigen Bauch, ganz im Gegenteil, Surfer glänzen meist mit einem flachen Exemplar. Dieser Surfbauch gehört Helmut F. Bauch und ist eine Schule, die seinen Namen trägt. Sie ist auch keine Surfschule, wie man sie an einem Gewässer wie dem Bodensee erwarten würde, sondern die älteste Windsurfschule der Welt!

Reiten wir ein paar Wellen zurück ins Jahr 1964. Der Amerikaner Newman Darby veröffentlicht eine Selbstbauanleitung für sein »Darby Sailboard« getauftes Segelbrett, das eine Kombination aus Drachensegel und Surfbrett ist. Das große Potenzial erkennen dann die beiden Kalifornier Jim Drake und Hoyle Schweitzer. Sie erhalten 1968 das erste Patent für ein Windsurfbrett und nennen es passenderweise »Windsurfer«. Schweitzer steigt kurz darauf in die Serienproduktion ein, und so verbreitet sich der Sport schnell, zuerst in den USA und kurz darauf auch in Europa. Hier spüren viele Jugendliche den Geist der Freiheit der 68er-Generation durch die Segel wehen, und das Steh- oder Brettsegeln, wie es anfangs noch uncool heißt, trendet in der Bundesrepublik – bis zum »Schwäbischen Meer«, dem Bodensee.

Helmut F. Bauch gründet 1973 den Verband Deutscher Windsurfing- und Wassersportschulen mit und ruft im selben Jahr die erste anerkannte Windsurfschule der Welt in Konstanz ins Leben. Shaka und »Hang Loose«, wie der Surfer zu sagen pflegt. Bald 50 Jahre Erfahrung lassen keine Zweifel aufkommen, dass man hier in guten Händen befindet, zumal jetzt mit Claudio Scattarelli auch jugendliche Energie mit am Segel ist.

»Ich hatte noch keinen Schüler, der nicht binnen weniger Tage Windsurfen gelernt hat«, erzählt er stolz. Wer die Probe machen will, sollte den zweitägigen Grundkurs buchen und sich selbst ein Bild davon machen, was so ein Surfbauch denn nun ist. Und einen SUP-Verleih gibt es auch!

Adresse Lindauer Straße 49, 78464 Konstanz, www.surfbauch.com | **ÖPNV** Bus 1, 4/13, 9B, 13/4, 15, Haltestelle Tannenhof | **Öffnungszeiten** Mai, Juni täglich 10–19 Uhr, Juli, Aug. täglich 9–20 Uhr, Sept., Okt. täglich 13–17 Uhr, sonst auf Anfrage und bei gutem Wind | **Tipp** Wer es etwas härter braucht, kann von der Schule aus am Seeufer entlang bis zum Konstanzer Rugby Club wandern und mit etwas Glück oder Vorabinformationen den harten Jungs und Mädels beim Raufen um den Ball zuschauen (www.rckonstanz.de).

92 Der Taborturm

Wenn der Berg nicht zum Propheten kommt …

… dann kommt der Prophet eben zum Berg! Und im Notfall benennt man den Berg nach einer Pilgerreise einfach um. So wird aus dem ehemaligen Homberg 1831 der Taborberg – nach dem Berg Tabor in Israel. Seinen neuen Namen verdankt er also nicht dem Wort Tabor, einer Entlehnung aus dem Tschechischen, die »Lager«, »Verschanzung« oder »Burg« bedeutet, sondern einer Pilgerreise nach Israel von Pfarrer Mietinger. Angetan von der Schönheit des Ausblicks vom biblischen Berg der Verklärung, tauscht er das Panorama des Jordans und die Berge des Libanons gegen Rhein und Bodensee und die Alpen als Bergkulisse ein.

Gerd Morian, zugezogener Hobbyforscher, rekonstruierte die Geschichte des Turms und hält sie lebendig. Die Bergkuppe mit Blick auf Ober- und Untersee inspirierte den Verschönerungsverein Konstanz 1881 zu einem Turm. Leider fiel dieser 1947 einem Brandanschlag zum Opfer und wurde völlig zerstört. 100 Jahre nach dem Richtfest des ersten Turms wurde 1981 dank der Taborinitiative-FWG ein zweiter Turm errichtet, doch die Holzkonstruktion hielt ebenfalls nicht lange durch und wurde 2002 wegen Einsturzgefahr gesprengt.

Seit 2011 lebt nun die 180 Jahre alte Tradition der Wallfahrten zum Kreuz auf dem Berg Tabor wieder auf. Da man nun ja schon Erfahrung im Wiederaufbau hat und aller guten Dinge drei sind, haben Studierende der HTWG Konstanz Entwürfe als Semesterprojekt vorgestellt. Bis die zwei Millionen Euro beisammen sind, bleiben die Himmelfahrtsprozessionen, der öffentliche Grillplatz und die Mountainbiketrails, die sich großer Beliebtheit erfreuen.

Es gibt auch noch die tschechische Partnerstadt Tábor, die vor allem durch den Namen Jan Hus eng mit Konstanz verbunden ist. Sein Tod auf dem Scheiterhaufen während des Konzils machte Hus zum Märtyrer und war schlussendlich der Auslöser für die Hussitenbewegung, deren Mittelpunkt in Tábor liegt.

Adresse oberhalb Urisbergweg, 78467 Konstanz | ÖPNV Bus 12, Haltestelle Schwaketenbad | Öffnungszeiten immer zugänglich | Tipp Das 2015 abgebrannte Schwaketenbad, das größte Hallenbad am Bodensee, öffnet im Frühjahr 2022 seine neuen Pforten! Wer's lieber oldschool mag, kann im Hallenbad am Seerhein seine Bahnen ziehen.

93 Die Tamala Clown Akademie

Was macht ein Clown im Büro? Faxen!

Humor entspannt, senkt den Stresslevel, und wer Dinge mit Humor nimmt, macht sich das Leben deutlich einfacher. Warum also nicht mal Humor lernen? Zum Beispiel in Deutschlands ältester Clownschule, in der schon seit 1983 rote Nasen aufgesetzt und Clowns gefrühstückt werden. Auch wenn sie bekanntlich komisch schmecken sollen.

Angeboten werden Kurse für Teilnehmer mit den unterschiedlichsten Ambitionen. Wer einfach nur das innere Kind wiederaufleben lassen möchte oder Mittelpunkt beim nächsten Kindergeburtstag sein will, kann zwei Tage in die Clownswelt reinschnuppern und die grundlegenden Regeln der Komik verinnerlichen. Scheitern zum Beispiel. Als Clown muss man das können, was man sonst gern vermeidet: Versagen perfekt vorspielen. In einem anderen Kurs geht es darum, Schritt für Schritt den Clown in sich zu entdecken. Ein bisschen rote Schminke steckt doch in jedem von uns, und wer Freunde und Kollegen mit Körperbeherrschung beeindrucken möchte, sollte es mit Jonglieren probieren.

Es gibt aber auch eine ernste Seite, schließlich ist die Clown- auch eine Berufsakademie. Der Schwerpunkt liegt hierbei auf der berufsbegleitenden Ausbildung von Klinik- und Gesundheitsclowns, die Lachen und Humor in die Welt von Krankheit und Alter bringen. In einem Jahr lernt man neben dem Clownshandwerk vor allem auch soziale Kompetenzen, die es braucht, um im eher unlustigen Klinikumfeld den Humor nicht zu verlieren und am besten noch andere damit anzustecken.

Wer sich jetzt noch nicht totgelacht hat, dem sei die Profi-Ausbildung »Clown intensiv« empfohlen. Hier taucht man in die Welt der zu großen Schuhe ein und lernt zum Beispiel, sich auch im Ausland oder in einem Straßentheater zu behaupten. Vieles geht jetzt auch online. Kein Witz, einfach mal reingucken!

Adresse Fritz-Arnold-Straße 23, 78467 Konstanz | ÖPNV Bus 6, Haltestelle Rudolf-Diesel-Straße | Öffnungszeiten Infos zu Kursen unter www.tamala-center.de | Tipp Weniger lustig, dafür lehrreich und naturnah startet gleich um die Ecke in der Fritz-Arnold-Straße der »Gottlieber Weg im Wollmatinger Ried« des NABU und informiert über Flora und Fauna.

94 Tamaras Weinstube

Dünnele – wer hat's erfunden?

Das »Haus zum guten Hirten«, das ehemalige Wohnhaus des Steinmetzen Hans Morinck, ist über der Eingangstür mit einem von ihm gefertigten Relief mit Schäferszene und gotischer Minuskelinschrift versehen. Das Gebäude wurde Anfang des 16. Jahrhunderts errichtet, da war das untere Geschoss noch ein Stall, bevor es im Wandel der Zeit unter anderem als Kneipe genutzt wurde. Die Betreiberin im ehemaligen Bermudadreieck der Weinlokale ist schon ewig Weinwirtin, den Gasthof »Zum guten Hirten«, heute besser bekannt als »Tamaras Weinstube« beziehungsweise »Bei Tamara«, hat sie aufgrund der tollen Außenbewirtungsplätze übernommen. Hier gibt es zum Bodenseewein auch phantastische Dünnele.

Je nach Region werden Dünnele auch Dennete oder Dennetle genannt. Ihr Ursprung ist im Mittelalter zu finden. Es muss ein großes buntes Treffen gewesen sein, damals, vor über 600 Jahren, während des Konstanzer Konzils, als die Welt hier zu Gast war. All die Händler, Handwerker, Geistlichen, das berüchtigte fahrende Volk sowie Schaulustige versammelten sich in den Gassen und wollten auf die ein oder andere Art Geschäfte machen. Es kamen viele schillernde Gestalten und mit ihnen auch fremde Sprachen, Bräuche und kulinarische Spezialitäten in die Stadt. Überliefert ist, dass überall in Konstanz italienische Bäcker mit mobilen Öfen unterwegs waren, um ihre frisch zubereiteten Köstlichkeiten unters Volk zu bringen. Brezeln, Pasteten, Ringbrote, aber auch überbackene Fladenbrote wurden feilgeboten. Damals ging es noch ein bisschen exotischer zu, belegt wurde auch mit Fisch und Singvögelbrüsten.

Die heute gängige Variante wird mit Zwiebeln und Speck, aber auch Äpfeln, Kartoffeln oder Käse angeboten. Dünnele heißen sie übrigens, weil die italienischen Bäcker angeblich immer darauf geachtet haben, dass der Boden besonders dünn war, wodurch sie extra knusprig wurden.

Adresse Zollernstraße 6–8, 78462 Konstanz | ÖPNV Bus 1, 2, 3, 4/13, 6, 9A, 9B, 12, 13/4, 14, Haltestelle Konzilstraße/Theater | Öffnungszeiten Mo–Sa 16–1 Uhr | Tipp In St. Stephan finden sich weitere Werke des Steinmetzen Hans Morinck, unter anderem das Sakramentshäuschen, das mit seinem reichen und lebhaften Figurenprogramm zu den bedeutendsten seiner Art gehört. Vom selben Bildhauer stammen mehrere Epitaphe im Chor sowie der Zyklus von Apostelbildern an den Langhauspfeilern.

95 Die »Tatort«-Bank

Wie Sie sehen, sehen Sie nichts

»Wo waren Sie gestern Abend zwischen 21 und 23 Uhr?«, »Kannten Sie den Toten?« und »Näheres kann ich Ihnen erst nach der Obduktion sagen« – das sind Sätze, die in keinem Tatort fehlen dürfen. Auch Eva Mattes als Hauptkommissarin Klara Blum und Sebastian Bezzel als Kommissar Kai Perlmann dürften sie des Öfteren gesagt haben.

Wer selbst ermitteln will, kann dies bei einer Tatort-Führung tun, bei der man nicht nur Drehorte besucht, sondern auch jede Menge interessante und unterhaltsame Anekdoten rund um die Konstanzer Tatort-Folgen erfährt. Zum Beispiel, dass es zolltechnisch durchaus schwierig werden kann beim Dreh, wenn ein Boot in der Schweiz startet und dann in Deutschland aus dem Wasser gehoben werden soll. In dem Moment, wo es deutschen Boden berührt, gilt es als eingeführt und muss verzollt werden. Da im Drehbuch einmal eine Bootskranung im Konstanzer Hafen vorgesehen war, überwachten Schweizer Zollbeamte die genaue Lage des Bootes. Hätte es deutschen Boden oder vielleicht auch nur den Steg berührt, wäre die Episode schlagartig deutlich teurer geworden. Mehr wird an dieser Stelle nicht verraten, aber die Spurensuche lohnt sich in jedem Fall.

Und dann fragen Sie sich, liebe Leser, vollkommen zu Recht: »Warum zur Hölle stehe ich hier an einem leeren Platz, zwar mit schönem Ausblick auf den See, aber ohne Bank?« Gut, das mit der Bank fragen Sie sich wahrscheinlich nur, wenn Sie echter Tatort-Fan sind. Denn dann werden Sie hier eine Bank vermissen, vor allem eine, die auf die Stadt und nicht auf den See ausgerichtet ist. Aber die Bank, auf der das Ermittlerduo gelegentlich beim Abspann sitzt, gibt es nur im Tatort, und sie steht, so viel sei verraten, deswegen andersherum, damit man den Blick auf See und Berge genießen kann.

Und, wo waren Sie eigentlich gestern Abend zwischen 21 und 23 Uhr? Ich hoffe, Sie haben ein gutes Alibi!

Adresse Hafenstraße, 78462 Konstanz | ÖPNV Bus 1, 2, 3, 4/13, 5, 6, 9A, 9B, 12, 13/4, 14, 908, Haltestelle Bahnhof | Öffnungszeiten immer zugänglich, Infos zur Tatort-Führung unter www.konstanz-info.com | Tipp Wer auf weitere Spurensuche gehen will, sollte einen Besuch im Archäologischen Landesmuseum (ALM) am Bendiktinerplatz 5 in Erwägung ziehen (Di–So 10–18 Uhr, jeden ersten Sa im Monat Eintritt frei).

96 Der Teufelstisch

Teuflische Tiefen

Man soll ihn nicht an die Wand malen. Wenn man von ihm spricht, lässt er meist nicht lange auf sich warten, er steckt im Detail, gelegentlich wird man von ihm geritten, und viele sind angeblich mit ihm im Bunde. Es geht um den Teufel.

Auch wenn wir ihn gern und häufig im Munde führen, über seine Tischmanieren weiß man bislang wenig. »Der frisst wie ein Teufel« ist keine gängige Floskel. Bekannt ist nur, dass er ab und an Kreide zu sich nimmt. Am Überlinger See, dem nordwestlichen Teil des Bodensees, könnte man jedoch folgende neue Redewendung einführen: »Ist das Wasser flach wie ein Fisch, tanzen wir dem Teufel auf dem Tisch!« Denn nur bei starkem Niedrigwasser ist es möglich, Herrn Teufels Tafel zu betreten. Wann er selbst hier das letzte Mal gespeist hat, ist genauso ungewiss wie die Herkunft des Namens »Teufelstisch«. Wobei man eine Ahnung bekommt, wenn man unter die Wasseroberfläche schaut.

Der Teufelstisch ist eine Felsnadel, die auf der Seeseite 90 Meter senkrecht nach unten abfällt und an der Uferseite bei 30 Metern die einzige geologische Verbindung zum Bodanrück-Sockel besitzt. Bei der »Tischplatte« handelt es sich um eine 22 mal zehn Meter große Fläche, die normalerweise anderthalb bis drei Meter unter der Wasseroberfläche liegt.

Vom Bodensee-Rundweg am Wallhausener Ufer aus ist sie gut zu erkennen, und zwar an der darauf positionierten »Speisekarte«, dem Seezeichen mit der Nummer 22. Lange Zeit war der Teufelstisch ein beliebtes Ziel von Tauchern, für die solche Wände eine besondere Herausforderung darstellen. So kam es aber auch über die Jahre immer wieder zu tödlichen Unfällen, sodass seit 1994 das Tauchen hier nur noch mit einer besonderen Genehmigung erlaubt ist. Wer dem Teufelstisch trotzdem mal näher kommen möchte, kann das im Rahmen einer geführten Kanutour. Mit etwas Glück kann man dann dem Höllenfürsten auf dem Tisch rumtanzen.

Adresse 78465 Konstanz-Wallhausen | ÖPNV Bus 4/13, 13/4, Haltestelle Wallhausen Hafen | Anfahrt am Waldparkplatz Wallhausen parken, dem Burghofweg folgen, dann rechts in die Uferstraße und entlang des Bodensee-Radwegs bis zum Seezeichen 22 | Öffnungszeiten immer zugänglich | Tipp Im La Canoa im Strandbad Wallhausen in der Uferstraße 39 kann man sich ein Stand-up-Paddling-Board oder ein Kanu ausleihen und eine himmlische Erfahrung machen (Tel. 07531/959548).

97 Das Theater-Relief

»Halt ein dein Wurstel-Treiben!«

Dass Konstanz die älteste dauerhaft bespielte Theaterbühne Deutschlands hat, dürfte in etwa so bekannt sein wie die Tatsache, dass Rottweil die älteste Stadt Baden-Württembergs ist. Und noch weniger Besucher werden die tiefere Bedeutung des Reliefs an dem vor über 400 Jahren als Jesuitenschule errichteten Gebäude kennen.

Vorhang auf – 1. Akt: Die Schauspielerin Caroline Neuber, geboren 1697 im Vogtland, betritt die Bühne und gründet nach einigen Nebenhandlungen mit ihrem Mann die »Neuber'sche Komödiengesellschaft« in Leipzig. Hier bildet sie Schauspieler aus, achtet dabei auf Sitte und Moral, organisiert ihnen Unterkünfte und zahlt feste Gehälter, womit sie wesentlich zur Anerkennung des Berufsstandes beiträgt. Bisher galten Mimen eher als sittenloses und unehrliches Gesindel. – 2. Akt: Der Professor, Schriftsteller und Aufklärer Johann Gottsched greift ins Geschehen ein, beide stoßen zusammen eine wichtige Reform der deutschen Theatergeschichte an.

Interlude: Eine der beliebtesten Theater-Figuren der Zeit rennt auf die Bühne und macht derbe Späße – der Harlekin oder Hanswurst. Er geht ab. – 3. Akt: Die Neuber als Wegbereiterin des deutschen Nationaltheaters sagt der billigen und obszönen Unterhaltung den Kampf an und verbannt in ihrer Posse »Der alte und der neue Geschmack« den Harlekin, den sie selbst spielt, von der Bühne: »Halt, halt, Herr Harlekin, dein Wurstel-Treiben soll nicht mehr am Theater bleiben, hiermit zerbrech ich Stab und Wort, verbanne dich von diesem Ort!« Fortan studiert sie mit ihren Schauspielern literarische Texte ein, das Theater sollte eine »Schule guter Sitten« sein. Vorhang fällt.

Epilog: Der Maler Franz Xaver Herrmann hält diese Szene in seinem farbigen Relief von 1790 fest. Zu erkennen sind im Hintergrund das Pferd Pegasus, vorne der fallende Harlekin und weitere Spaßmacher, wie sie von der Bühne gedrängt werden, und in der Mitte Caroline Neuber selbst. Ende – Applaus.

Adresse Konzilstraße 11, 78462 Konstanz | ÖPNV Bus 1, 2, 3, 4/13, 5, 6, 9A, 9B, 12, 13/4, 14, 908, Haltestelle Konzilstraße/Theater | Öffnungszeiten Infos zu Veranstaltungen unter www.theaterkonstanz.de | Tipp Nach dem Theaterbesuch kann man das Gesehene in der Seekuh in der Konzilstraße 1 bei einem Glas Wein oder frisch gezapften Guinness Revue passieren lassen (Mo–Fr 17–1 Uhr, Sa, So 17–2 Uhr).

98 Tippen mit Kippen

Einfach mal deine Meinung »ausdrücken«

Wo für den Raucher die Vergiftung aufhört, fängt sie für den Rest der Welt erst an: mit dem übrig gebliebenen Zigarettenstummel. Für immer noch zu viele Raucher ist es eine bequeme Angelegenheit, die Restkippe einfach wegzuschnippen, und kaum einer denkt dabei daran, dass eine Kippe ausreicht, um 40 Liter Grundwasser zu verseuchen. Darüber hinaus können die enthaltenen Giftstoffe wie Arsen, Nikotin, Kohlenwasserstoffe und Schwermetalle Vögel vergiften, die sie mit Nistmaterial verwechseln und damit ihrer Brut schaden. Auch für Hunde und Kleinkinder, die ja gern alles in den Mund stecken, was sie finden, stellen sie eine Gefahr dar. Vor allem im Uferbereich gelangen die ausgespülten Gifte schnell in den See oder Fluss und somit in die Nahrungskette.

Wer jetzt denkt, das wird schon nicht so schlimm sein, irrt. Bei einer Aktion 2018 haben 120 Helfer im Herosé-Park zehn Kilogramm Kippen gesammelt. Was auf diesem Gelände gar nicht so einfach ist, denn jeder Stummel musste mit der Hand oder einer Zange mühsam aus dem Gras oder den Steinen gepult werden. Eine Arbeit, die von der städtischen Müllabfuhr gar nicht regelmäßig geleistet werden kann.

Also was tun? Eine von der Stadt unterstützte Umweltprojektgruppe hat sich überlegt, dass man, anstatt Kippen durch die Luft zu schnippen, mit ihnen abstimmen könnte. An zehn ufernahen Standorten wurden gelbe Kipp-Tipp-Behälter aufgestellt, die hinter feuerfestem Glas Rauchern mittels Kippe die Möglichkeit geben, ihre Meinung kundzutun. Über den besten Ort zum Chillen – Hörnle oder Herosé –, die beste Pizza – amerikanisch oder italienisch – oder die Zufriedenheit mit der OB-Wahl – ja / nein. Laut einer unabhängigen Studie haben die Kippenkästen die Umweltverschmutzung durch Kippen um 46 Prozent reduziert.

Weitere »Ballot Bins« (auf Deutsch Wahlurnen) stehen auch in Hamburg, Berlin und London. Also: »Don't schnipp it – Tipp it!«

Adresse Herosé-Park, 78467 Konstanz | ÖPNV Bus 6, Haltestelle Ebertplatz | Öffnungszeiten immer zugänglich | Tipp Passend zur namensgebenden Textildruckerei Herosé gibt es im »Druckfisch« in der Kreuzlinger Straße 47a siebgedruckte Bodenseemotive auf Shirts und sonstigen Textilien (Di, Fr, Sa 10–15 Uhr, Do 13–18 Uhr).

99 Das Tor zur Unterwelt

Die Glaspyramide am Münsterplatz

Das Münster am gleichnamigen Platz ist nicht zu übersehen, ebenfalls recht leicht zu entdecken ist der Brunnen von Franz Gutmann vor dessen Eingang sowie die Glaspyramide, die dem Platz ein ganz klein bisschen Louvre-Charme verleiht. Sie steht über den Ruinen eines alten Römerkastells, welches man besichtigen kann, aber dazu später mehr, erst einmal ein wenig Geschichte.

Seit dem 1. Jahrhundert nach Christus existierte auf dem Münsterhügel eine römische Siedlung. Die Ansiedlung beruhte auf der vor allem verkehrstechnisch sehr günstigen Lage an See und Rhein. Zudem trafen hier einige große Handelsrouten zusammen. Da wundert es nicht, dass man in leicht erhöhter Lage mit gutem Blick über den Rhein ein mächtiges Kastell errichtete. Vor allem die um 300 nach Christus zunehmende Bedrohung durch die germanischen Alemannen förderte die Bauaktivitäten der Römer. Insgesamt drei Lager entstanden im Laufe der Jahrhunderte – mit einem 13 Meter hohen Wehrturm.

Dass sich diese Anlagen hier befinden, haben Archäologen schon lange vermutet, aber erst die geplante Neugestaltung des Platzes und die damit verbundenen Untersuchungen brachten 2003 die Kastell-Überreste ans Tageslicht. Nun aber zurück zum Eingang. Wenn man zwischen Pyramide und Münster den Blick auf den Boden richtet, sollte einem bald ein größeres Rechteck auffallen, das vom restlichen Boden durch eine schwarz-gelbe Umrandung abgegrenzt ist. Das ist der Zugang zur Unterwelt, die zu bestimmten Terminen oder bei Führungen zu besichtigen ist. Dann hebt sich das Straßenpflaster, und die römische Vergangenheit öffnet ihren Schlund. Ein Stadtführer berichtete, dass es mittlerweile im Inneren ein Festnetztelefon gibt, falls jemand das Ende der Führung verpassen sollte. Handyempfang hat man da unten nämlich nur mit viel Glück. Wer früher unten blieb, der konnte nur aus der Pyramide winken und hoffen.

Adresse Münsterplatz 1, 78462 Konstanz | ÖPNV Bus 1, 2, 3, 4/13, 5, 6, 9A, 9B, 12, 13/4, 14, 908, Haltestelle Bahnhof | Öffnungszeiten Pyramide jederzeit, Ausstellung nur im Rahmen von Führungen, Infos unter www.konstanz-info.com | Tipp Für mehr Louvre-Feeling kann man ins Kulturzentrum schräg gegenüber gehen und sich die Bilder in der Städtischen Wessenberg-Galerie anschauen.

100 Das Trompeterschlössle

Ein Loch im Zaun rettet Konstanz

Der besondere Status des Tägermooses hat in der Geschichte immer wieder für Verwirrung gesorgt. Anfang des 20. Jahrhunderts bauten ein Stadtrat und ein Gemüsehändler hier ein Haus, allerdings hatten sie vergessen, eine Genehmigung der Schweiz einzuholen, daher verkauften sie es, bevor es Ärger gab. Der Käufer eröffnete dann unter dem Namen »Trompeterschlössle«, benannt nach dem »Trompeter von Säckingen«, einer Romanfigur eines damaligen Bestsellers, unter anderem eine Wirtschaft.

Lange Zeit hielt sich der Irrglaube, das Haus läge teils in der Schweiz, teils in Deutschland. Sogar die zur Grenzbewachung stationierten deutschen Soldaten glaubten, dass der Gastraum auf Schweizer und das Nebenzimmer auf deutschem Boden stehen würde. Was dazu führte, dass sie bei Besuchen ausschließlich das Nebenzimmer aufsuchten, aus Angst, die Schweizer Neutralität zu verletzen.

Eine besondere Rolle spielte das Trompeterschlössle gegen Ende des Zweiten Weltkriegs. Am 26. April 1945 erreichten französische Truppen Konstanz, und es wuchs die Angst vor einer Zerstörung der Stadt. Bürgermeister Leopold Mager, der Polizeichef und Stadtrechtsrat Franz Knapp fassten daraufhin einen Entschluss: Den Verteidigungsbefehl ignorierend, schlichen sie in der Nacht zum Schweizer Grenzzaun. Ein Loch ermöglichte ihnen, zum Trompeterschlössle zu gelangen, wo sie mit Vertretern des französischen Militärs, des Internationalen Roten Kreuzes und der Stadt Kreuzlingen über eine kampflose Übergabe der Stadt verhandelten. Knapp zwei Wochen vor Kriegsende gelang es ihnen, die Stadt Konstanz vor Kampfhandlungen zu bewahren und somit größeren Schaden abzuwenden. Das hohe Risiko, das sie mit dieser Aktion eingegangen sind, hat sich gelohnt.

Heute kann man an dieser geschichtsträchtigen Stelle in aller Ruhe zum »Matratzenhorchdienst« antreten, denn aus dem Schlössle ist ein Hotel geworden.

Adresse Konstanzerstrasse 123, CH-8274 Tägerwilen | ÖPNV Bus 1, 5, 9A, Haltestelle Döbelestraße, dann etwa einen Kilometer zu Fuß über die Grenze | Öffnungszeiten von außen immer zu besichtigen, alternativ im Hotel einchecken oder ein erlesenes Tröpfchen an der Pot-Still-Whisky-Bar trinken | Tipp Wer auf kreative französische und mediterrane Küche steht, sollte auf dem Rückweg bei »Papageno« reinschauen, das auch über einen hübschen Biergarten verfügt (Gottlieber Straße 64).

101 Der Turm zur Katz

Was hat das mit der schwarzen Katze zu tun?

Diese Frage stellt sich einer der drei Detektive im Hörspiel »Die drei ??? und die schwarze Katze«. Katzen haben ja bekanntlich sieben Leben, der Turm zur Katz hat noch einige mehr! Seit 2019 gibt es den Ausstellungsraum in der »zweiten Reihe« des Kulturzentrums am Münster. Für alle Fans von Grafik, Fotografie oder Plakatkunst ein absolutes Muss und ein erstklassiger Gestaltungshotspot. Schon das Logo aus den Initialen TK leitet sich von den Proportionen der Turmfassade ab. Vier Ausstellungen im Jahr bieten genug Abwechslung, um immer mal wieder reinzuschauen. Neue experimentelle, lokale, aber auch internationale Konzepte und Formate werden hier präsentiert.

Ein Highlight war die Ausstellung »Aiga Rasch und Die drei ???«. Die Illustratorin hat die quadratischen Cover für die Detektivreihe mit Justus Jonas, Peter Shaw und Bob Andrews entworfen. Spannend daran ist, dass die Entwürfe ohne Passepartouts präsentiert wurden. Auch zeitgenössische Plakatkunst, üblicherweise nur im Außenraum zu sehen, findet hier ein Zuhause, so zum Beispiel im Rahmen des Wettbewerbs »Mut zur Wut«. Ebenso werden aktuelle Illustrationen im Kontext des jährlich stattfindenden Festivals ILLOKONSTANZ gezeigt.

Der um das Jahr 1200 erbaute vierstöckige Wohnturm gehört zu den ältesten Gebäuden der Stadt. Die beiden unteren Etagen sind noch im Original erhalten, die beiden oberen wurden 1870 rückgebaut und erst seit der Jahrtausendwende wieder ergänzt. Die baugeschichtliche Bedeutung wird an der Ostseite des Turmstumpfes deutlich, ein rundbogiges Zwillingsfenster im Wackenmauerwerk ist noch sichtbar.

Vom Wohnturm über das Depot zum Ausstellungsraum – der Turm zur Katz hat schon einiges gesehen. Zurück zur Eingangsfrage: Namensgeber ist die Patriziergesellschaft »Zur Katz«, welche in der Mitte des 14. Jahrhunderts erstmals urkundlich erwähnt wird – jetzt ist es aus dem Sack!

Adresse Wessenbergstraße 43, 78462 Konstanz | ÖPNV Bus 1, 2, 3, 9B, 12, 14, Haltestelle Bürgerbüro; Bus 1, 2, 3, 4/13, 6, 9A, 9B, 12, 13/4, 14, 908, Haltestelle Konzilstraße/Theater | Öffnungszeiten Di–Fr 10–18 Uhr, Sa, So 10–17 Uhr, erster So im Monat Eintritt frei | Tipp Nach Kunst und Kultur kann man auf einen Cocktail und Leckerlis in die »Schwarze Katz« in der Katzgasse 8 einkehren (Mi–Sa 18–1 Uhr).

102 Die Verkehrssäule

Die einzige ihrer Art

Dass Treffen mit Joseph Beuys Spuren hinterlassen, wird wohl bestätigen, wer irgendwann einmal dieses besondere Vergnügen hatte. Auf die Konstanzer Neugasse wirkte sich eine solche Begegnung sogar noch gut 20 Jahre später aus.

Aber von Anfang an. Burkhart Beyerle wird 1930 in Frankfurt am Main geboren und widmet sich zuerst einem Architekturstudium, das er für eine Schreinerlehre unterbricht und später doch noch abschließt. Nebenbei startet er eine autodidaktische Künstlerkarriere, wobei sein Werkstoff im Wesentlichen das Holz ist. Tatsächlich erregen seine Schnitte, später auch Linoldrucke, die Aufmerksamkeit des exzentrischen Aktionskünstlers, und so kommt es Mitte der 1960er Jahre zu einem Treffen. Beuys bringt ihn mit seinen Sammlern zusammen, die erste Ausstellungen mit Beyerles Werken ausrichten.

Nicht genug damit, heuert er noch im Universitätsbauamt Konstanz an, wo er die ungewöhnliche Ästhetik des 1967 errichteten Campus auf dem Gießberg mitprägt. Insgesamt fünf Aufenthaltsräume und ein Treppenhaus gestaltet er mit farbenfrohen Wandmalereien, die er einmal mit der »Narrenfreiheit des Gebäudeplaners« kommentiert. Doch zurück in die Altstadt: Nach der Umgestaltung der Neugasse entwirft Beyerle 1986 eine Skulptur mit dem Titel »Verkehrssäule«, die hier eine doppelte Funktion erfüllt: Zum einen dient das knapp sechs Meter hohe Kunstwerk aus Gebrauchsgegenständen als Halterung für das Schild »Fußgängerzone«, zum anderen bildet es eine Sperre an deren Beginn, wo normalerweise Blumenkübel oder Ketten den Zugang regeln. Laut Künstler stehen die halbierten grünen Schaufeln an der Spitze für das Ende der Grabungsarbeiten in der Bauphase. Ursprünglich sollten solche Verkehrszeichen-Kunstwerke noch an anderen Orten aufgestellt werden, allerdings wurden weitere Projekte nie realisiert, sodass diese Verkehrssäule die einzige geblieben ist.

Adresse Neugasse, 78462 Konstanz | ÖPNV Bus 1, 2, 3, 5, 9A, 9B, 12, 14, Haltestelle Bodanplatz | Öffnungszeiten immer zugänglich | Tipp Dem Luftschiff-Erfinder Graf von Zeppelin wird in Konstanz mit einem eigenen Denkmal gedacht. Das Werk stammt vom Rodin-Schüler Karl Albiker und steht im Gondelhafen in der Hafenstraße.

103 Der »Vetter Adler«

Bar, Studio, Store – ein Nest für alle

Inspiriert vom Cover »Wildwuchs« des NUN-Magazins, wird dieses in der Kneipe aufgehängt und ein Blumentopf auf dem Zigarettenautomaten vor der Bar platziert. Ein erster Schritt von der Eckkneipe zu einem neuen Treffpunkt im Viertel ist gemacht.

Der »Vetter Adler« war schon immer eine echte Kiezkneipe, in den 1950ern hieß sie noch »Schwarzer Adler«, später dann »Turnierstüble«, was nicht nur nach starker Raucherkneipe um die Ecke klingt, sondern auch nach viel Arbeit bei der Renovierung. Wie man Dingen eine Seele einhaucht, hat Anna Lauinger in ihrer bisherigen Laufbahn als Gestalterin im Einzelhandel und Ladenbau gelernt und mit diesem Herzensprojekt eine Lücke im Stadtteil Paradies geschlossen. Ihre Vision: eine Quartierskneipe wiederbeleben. Keine Hipster-Bar, obwohl sie auch lange ein Modegeschäft in Berlin hatte, keine gewollte Gentrifizierung, sondern einen Ort, an dem Jung und Alt willkommen sind.

Ein neuer Name musste her, der diese Philosophie ausdrückt. »See Adler« – gibt es schon zu viele. »Fetter Adler« – klingt irgendwie nach speckigen Wänden. Aber »Vetter Adler« sieht typografisch toll aus und bringt noch dazu das Verwandtschaftsverhältnis zum früheren Adler zum Ausdruck.

Die Idee ist, Altes und Neues sinnvoll zu kombinieren, und was macht mehr Sinn als essen, trinken und gutes Zusammenkommen? Regionale Produkte vom Haettli- und vom Ekkhardhof, »geiles Vesper wie von Oma«, Butterbrot, Radieschen und natürlich leckere Wurst. Dinge einfach halten, weniger ist mehr – und in allem das besondere Gespür für Ästhetik transportieren.

Eröffnet wird der 50 Quadratmeter kleine Laden am 5. Juni 2020 mitten in der Pandemie. Hier erlebt man Offenheit, Herzlichkeit und gute Stimmung, er ist nach wie vor eine Anlaufstelle im Kiez! Wer noch ein spontanes Geschenk oder Mitbringsel braucht – die Bar ist gleichzeitig ein Concept Store.

Adresse Turnierstraße 3, 78462 Konstanz, www.vetter-adler.de | ÖPNV Bus 1, 5, 9A, Haltestelle Schulthaißstraße | Öffnungszeiten Mo – Sa 11 – 23 Uhr, So 11 – 18 Uhr | Tipp Nach einem Spaziergang durchs Tägermoos am Seerhein entlang erreicht man das Locaholic, ein Begegnungshaus und Café gepaart mit Gästezimmern und lokalen Touren (www.localholic.ch).

104 Die Volapük-Gedenktafel

Eine Menschheit – eine Sprache

Künstliche Weltsprache mit acht Buchstaben? Wer jetzt an Esperanto denkt, hat sich um einen Buchstaben verzählt, die Lösung lautet Volapük. Begründer dieser Weltsprache ist Johann Martin Schleyer, ein Mann mit vielen Begabungen. In Freiburg studierte er Katholische Theologie, Philologie, Philosophie, Geschichte und sogar ein Semester Medizin.

Als er 1875 Pfarrer in Litzelstetten wird, widmet er sich vermehrt der Schaffung einer Weltsprache. Die Gedenkinschrift »Menade Bal-Püki Bal« – übersetzt: »Eine Menschheit – eine Sprache« – an der Südwestseite des Pfarrhauses erinnert daran. Außer Altgriechisch und Latein beherrscht er noch unzählige weitere Sprachen, was bei der Entwicklung von Volapük, welches er vier Jahre später der Öffentlichkeit vorstellt, von Vorteil ist. Was im Zeitalter der Aufklärung und im 19. Jahrhundert nicht gelungen war, konnte er realisieren.

Der Begriff Volapük besteht aus zwei zusammengesetzten Wörtern, nämlich »vola« für Welt und »pük«, das auf das englische »speak« zurückgeht. Gemeinsam ergibt es den Begriff für die Weltsprache, die erste systematische Plansprache überhaupt. Schleyer reduzierte die Wortstämme auf eine Silbe, strich doppelte Konsonanten, schuf zugunsten der chinesischen Sprache das »r« ab und schieb die Wöte nu so, wie sie ausgespochen wuden (okay, reicht). Doch anscheinend war die Sprache nicht einfach genug, begannen doch die »Volapükans«, sich schon bald dem vom polnischen Arzt Ludwig Lazarus Zamenhof entwickelten Esperanto zuzuwenden. In Konstanz gab es ab 1886 einen äußerst lebendigen »Volapükklub« mit circa 300 Mitgliedern, der aber bereits 20 Jahre später nicht mehr bestand. Vielleicht hätte der Datuval (Großer Erfinder) bei der Einführung neuer Vokabeln sein Vetorecht nicht so oft einsetzen sollen, dann hätte es auch mit den Anhängern geklappt.

Im Dänischen heißt Volapük übrigens so viel wie »Ich verstehe nur Bahnhof«.

Adresse Pfarrhaus, Martin-Schleyer-Straße 18, 78465 Konstanz | **ÖPNV** Bus 4/13, Haltestelle Tankstelle (Litzelstetten) | **Öffnungszeiten** immer zugänglich | **Tipp** Das ehemalige »Weltsprache Zentralbüro«, Schleyers Wohnhaus, findet man in der Schottenstraße 37 im Stadtteil Paradies. Und für den exotischen Hunger gibt es um die Ecke bei Ko'ono (Martin-Schleyer-Straße 19) hawaiianische Burger – auch vegan. Na dann aloha!

105 Die »Wahrheit«

Traue keinem König …

Als der aus Böhmen stammende Jan Hus im November 1414 beim Konstanzer Konzil eintrifft, ist er noch voller Hoffnung auf einen konstruktiven Dialog mit der Kirche. König Sigismund hat ihm schließlich für seinen Besuch freies Geleit zugesichert, um ihn vor dem Zugriff der Inquisition zu schützen. Immerhin hatte ihn der Papst vier Jahre zuvor mit einem Kirchenbann belegt. Seine These, dass die Kirche eine »Gemeinschaft der von Gott zum Heil Vorherbestimmten« sei und »kein Mensch auf Erden, nicht einmal der Papst, der göttlichen Gnade gewiss sein könne«, spricht seiner Heiligkeit nämlich jede Legitimation ab. Ein Punkt, auf den Päpste erfahrungsgemäß recht empfindlich reagieren.

Ende November wird Hus festgenommen und muss feststellen, dass Sigismunds Ehrgeiz, mit Hilfe der Kirche Kaiser zu werden, größer ist als seine Entschlossenheit, sich an sein Schutz-Versprechen zu halten. Bei den folgenden Verhören durch die Inquisition ist der Wille seiner Peiniger, ihm und seinen Thesen zu lauschen, eher mau. Sigismund versucht noch, vermutlich aus schlechtem Gewissen, ihn vor der drohenden Hinrichtung wegen Ketzerei zu bewahren. Dafür müsste Jan Hus aber seine Thesen widerrufen, was er nicht tut. Er bleibt seinem Wahlspruch »Die Wahrheit siegt« treu und endet 1415 vor den Toren der Stadt auf dem Scheiterhaufen. Der 6. Juli ist bis heute Nationalfeiertag in Tschechien.

Anlässlich des 600. Jahrestages seiner Verbrennung wurde das Kunstwerk »Wahrheit« von den Künstlern Jerry Koza, Adam Jirkal und Martin Papcún geschaffen und an der Außenwand des Bürgersaals angebracht. Ein Tableau mit ausgefrästen Blöcken wirft bei Sonnenschein das Wort »Wahrheit« an die Wand. Somit erscheinen die Buchstaben nicht auf unseren Wunsch auf der Hauswand, sondern nach Gottes Willen und dem Stand der Sonne. Das tschechische Gegenstück »Za pravdu« befindet sich in Prag an der Bethlehemskapelle.

Adresse Sankt-Stephans-Platz 17, 78462 Konstanz | ÖPNV Bus 1, 2, 3, 9A, 9B, 12, 14, Haltestelle Bürgerbüro | Öffnungszeiten immer zugänglich | Tipp Beim Warten auf Sonnenschein versüßt man sich die Zeit am besten mit einem der kleinen Barista-Kunstwerke der Kaffeerösterei von gegenüber.

106 Die Weinstube Franz Fritz

Wein, Gasse und Gesang

Ein Besuch in Konstanz wäre nicht komplett ohne Einkehr bei Andreas Fritz und Jürgen Franz im ältesten Teil der Stadt, der Niederburg. Dabei hat man die Wahl, ob man sich im Weinkeller oder in der Weinstube niederlassen will.

Aber egal, ob im ersten Stock oder im Keller, hier atmet alles Geschichte und Geschichten. Der mittelalterliche Weinkeller im 1422 erstmals urkundlich erwähnten Haus »Zur Mugge« bietet eine Kombination aus Verkostung und Ausschank und für den kleinen Hunger auch kalte und warme Speisen. Für fachkundige Beratung bei der Auswahl der Getränke sorgt Andreas Fritz, in gemütlicher und sehr uriger Atmosphäre, die einen schnell in längst vergangene Zeiten eintauchen lässt. Ein eintretender Nachtwächter würde einen nicht wundern – zumal die Chance, in Konstanz einen der Stadtführer im historischen Gewand zu treffen, gar nicht mal so klein ist.

Wer es etwas lebhafter mag, der sollte, solange er noch kann, die Stufen in die Weinstube von Jürgen Franz erklimmen. Hier treffen sich Alt und Jung, Touristen mischen sich mit Stammtischgästen und echten Konstanzern.

Die Familie Fritz, der auch Andreas angehört, lebt schon seit 1640 in Konstanz. Sein Großvater, der Küfer, also Fassbinder, war, übernimmt 1922, damals noch als Küfer, der Gefäße und Behälter aus Holz herstellt, die heutige Location. Nach dem Zweiten Weltkrieg beginnt er, Most und Apfelwein auszuschenken. In den 1960er Jahren legen dann seine Söhne den Schwerpunkt mehr auf den Einzel- und Großhandel und trennen sich von der Küferei. Seit 1988 führt Winzer und Weinbautechniker Andreas nun den Familienbetrieb und bietet ein internationales Sortiment an Weinen, Sekten und Spirituosen an.

Sollte Ihnen übrigens mal jemand erzählen, dass gegenüber ein Pärchen mit zwei angezogenen Schweinen gewohnt hat – das stimmt!

Adresse Niederburggasse 7, 78462 Konstanz | ÖPNV Bus 1, 2, 3, 4/13, 5, 6, 9A, 9B, 12, 13/4, 14, 908, Haltestelle Konzilstraße/Theater | Öffnungszeiten Weinstube: Mo–Sa 17–24 Uhr, Mi 10–14 und 17–24 Uhr; Weinhandlung: Mo, Di 10–13 und 15–18.30 Uhr, Do, Fr 10–13 und 16–23.30 Uhr, Sa 10–13 Uhr | Tipp Von ihrer schönsten Seite zeigt sich die Niederburg am Gassenfreitag. Die Geschäfte haben dann bis 22 Uhr geöffnet, es gibt Livemusik, Essens- und Getränkestände, und die Menschen streifen in Scharen durch die engen Gassen (Mai–Okt. jeden ersten Fr im Monat 18.30–22 Uhr).

107 Die Werkgalerie Hochwart

Die Schönheit guter Dinge

Die Hochwart ist mit 439 Metern der höchste Punkt der Insel Reichenau und bietet inmitten eines Weinbergs einen herrlichen Blick über den Untersee. Auch dem Forscher und Geheimrat Eugen von Seyfried hat die Aussicht wohl gefallen, denn er ließ 1838 hier dieses »Lusthäuschen« errichten, was zu der Zeit nicht außergewöhnlich war. Teehäuser waren seit Ende des 18. Jahrhunderts populäre Gestaltungselemente, wobei es sich in der Regel um solitäre Pavillons handelte.

1985 zieht Juliane Epp gemeinsam mit ihrem Mann und ihrer Keramikwerkstatt in das Gebäude und erweitert später das Repertoire um eine Galerie für Kunsthandwerk im Obergeschoss. Dort stellt sie Produkte kunsthandwerklicher Werkstätten wie Hüte, Schals, Schmuck, Glas, Taschen und Tafelgerät der Silberschmiede Epp aus. Bei all ihrem Tun steht die handwerkliche und gestalterische Qualität im Vordergrund. 2008 hat sie damit angefangen, ihre Gäste mit Kaffee und Kuchen zu bewirten und geboren war die »Werkgalerie Hochwart – Keramik Kaffee Kunst«. Ihr persönliches Motto »Die Schönheit guter Dinge« hat in erster Linie mit Wertschätzung zu tun und ist in einer Zeit von höher, schneller, weiter ein absoluter Balanceakt. Eine Galerie an einem öffentlichen Aussichtspunkt zu betreiben bedeutet auch Verantwortung. Wie viele Kuchen kann man noch selbst backen? Wie bleibt ein Ort mit vielen Besuchern noch besonders? Wie kann man Slow Tourism auf einer Insel, die seit 2000 zum UNESCO-Weltkulturerbe der Menschheit zählt, selbst gestalten? So ist die Werkgalerie ein authentischer Ort, der manchmal eben nur geöffnet ist, wenn man Glück hat.

Neben dem Belvedere befindet sich eine Station der Kunstroute, die man an den Metallstelen erkennen kann. Einen phantastischen Blick auf die Schweiz, das Wollmatinger Ried, die Halbinsel Höri und die Hegau-Vulkane hat man bei gutem Wetter aber immer.

Adresse Hochwart, 78479 Reichenau | ÖPNV Bus 204, Haltestelle Reichenau Königsegg | Öffnungszeiten Di, Mi, Fr, Sa 14–18 Uhr, So auf gut Glück | Tipp Etwa zehn Hektar der Reichenauer Weinanbaufläche befinden sich rund um den Aussichtspunkt, hier kann man einen Weinlehrpfad absolvieren. Verkostet wird der Wein auf dem Wein- und Fischerfest im August und natürlich in der Vinothek des Winzervereins.

108 Die Winzerverein-Vinothek

Dem Müller-Thurgau auf der Spur

Die Geschichte des Weinbaus auf der Reichenau reicht weit zurück, schon die Benediktiner wussten, dass es gesünder ist, Wein statt Wasser zu trinken, weil Wein oder Bier früher bakteriell nicht so belastet waren. Den ersten Rebstock pflanzte Abt Heito I. schon 818, und wenig später war die Hälfte der Insel mit Rebstöcken bedeckt.

Der Winzerverein Insel Reichenau ist heute die kleinste selbstständige Winzergenossenschaft in Baden und das südlichste Weinanbaugebiet Deutschlands. Die meistangebaute Rebe hier ist der Müller-Thurgau. Im Jahr 1882 hatte Hermann Müller aus dem Schweizer Kanton Thurgau eine Neuzüchtung gekreuzt. Als er später in die Schweiz berufen wurde, nahm er seine besten Exemplare mit. Diese entdeckte dann in den 20er Jahren ein markgräflicher Weingutverwalter und sorgte gegen den Willen seines Dienstherrn dafür, dass die neuen Reben in zwei Nacht-und-Nebel-Aktionen über den See gerudert und in Kirchberg angepflanzt wurden.

Da Müller selbst dachte, dass er Riesling und Silvaner gekreuzt hätte, findet sich auch oft die Kurzfassung Rivaner auf dem Etikett. Aber 100 Jahre später stellten Forscher beim »Gentest« fest, dass es sich bei den vermeintlichen »Eltern« um Riesling und Madeleine Royale handelte. Um die Familienverhältnisse noch zu verkomplizieren: In Madeleine Royale stecken Pinot und der gute alte Trollinger.

Probieren kann man in der 2019 eingeweihten Vinothek neben Müller-Thurgau auch Spät- und Grauburgunder, Chardonnay und Gutedel. Entstanden ist die neue Vinothek im westlichen Konventsflügel, der bis dahin als Feuerwehrlager gedient hatte. In der direkten Nachbarschaft des Münsters wurde so ein repräsentativer, komplett verglaster Eingangsbereich mit Degustationsmöglichkeit geschaffen. Aber nicht nur tolle Weine werden hier gekeltert, auch »Dreschder« wird »aus dem, was übrig bleibt«, gebrannt – eine Art Grappa.

Adresse Münsterplatz 2a, 78479 Reichenau | ÖPNV Bus 204, Haltestelle Reichenau Museum | Öffnungszeiten 1. April–31. Okt. Mo–Fr 9–18 Uhr, Sa 9–16 Uhr, 1. Nov.–31. März Mo–Fr 10–17 Uhr, Sa 10–14 Uhr | Tipp Wer statt Wein lieber einen Kaffee oder Tee möchte, kann ein paar Meter weiter ins Café am Kloster in der Burgstraße 3 gehen (Di–So 10–17 Uhr).

109 Das Wunderkreuz

Pilgern und böse Buben

Die Wallfahrtskapelle Heiligkreuz in Bernrain ist nicht nur eines der ältesten Bauwerke Kreuzlingens, hier treffen auch Frevel, Wunder, Pilger und auch eine frühe Darstellung des Alpsteins in einem historischen Gemälde auf der Nordseite des Kirchenschiffs aufeinander.

Zudem ist sie die erste Kapelle auf dem Jakobsweg von Konstanz nach Einsiedeln, der auch »Schwabenweg« genannt wird. Doch was führte zum Bau dieses Pilgerörtchens?

1384 soll ein Lausbub aus Stadelhofen namens Schappeler gemeinsam mit seinen Kameraden losgezogen sein, um für seine Mutter im Wald oberhalb von Emmishofen Feuerholz zu sammeln. Es war am Tag der heiligen Agnes im Januar und bitterkalt. An einem alten Holzkreuz angekommen, warfen sie ihre Holzbündel zu Boden und ruhten sich aus. Schappeler stellte sich vor das Kruzifix, griff dem Gekreuzigten an die Nase, an der ein Tropfen hing, und rief übermütig: »Herrgott, lass dich einmal schnäuzen!« Der Herrgott wollte aber nicht, stattdessen bekam der vorlaute Bub seine Hand nicht mehr von der Nase los. Nachdem seine Kumpels die Geschichte in Konstanz verkündet hatten, bewegte sich schon bald eine Prozession mit Konstanzer Geistlichen und weiteren Schaulustigen vom Stadttor hinauf nach Bernrain. Beim Anblick des Kruzifixes kniete seine Mutter nieder und gelobte sieben Wallfahrten nach Einsiedeln – das Wunder geschah, der Junge war frei. Was ihn allerdings nicht davon abhielt, auf die schiefe Bahn zu geraten. Seitdem nennt man im Konstanzer Raum unartige Sprösslinge »Bernrainer Kind«.

An dieser Stelle ließ der Konstanzer Johannes Kränzlin eine Kapelle für das »Wunderkreuz« errichten, und alljährlich führt zweimal eine Prozession von St. Stephan in Konstanz hierher.

1527, im Zuge der Reformation, wurde das Kreuz entfernt, im Frauenkloster St. Katharina in Sicherheit gebracht und erst 1647 nach Bernrain zurückgeführt.

Adresse Bernrainstrasse 71, CH-8280 Kreuzlingen | ÖPNV S 14, Haltestelle Kreuzlingen Bernrain | Öffnungszeiten Mo–Fr 16–18 Uhr, Sa, So 14–18 Uhr | Tipp Für alle, die Lust auf Schokolade haben, empfiehlt sich der Fabrikverkauf von SchokoLaden und Café Stella in der Bündtstrasse 12 (Di–Fr 9–18.30 Uhr, Sa 9–17 Uhr). Echte Seefans sollten das Seemuseum im Seeweg 3 besuchen.

110_Das Zebra-Kino

Bewegte Streifen

Das Kino hat eine lange Geschichte in Konstanz. Bereits 1896 waren in der Stadt erste Kinematografen zu bewundern. In den Folgejahren waren regelmäßig Wanderkinos zu Gast, und schon 1908 gab es das erste feste Kino in der Bodanstraße. 30 Jahre später eröffnete mit dem Scala das einst größte Kino im deutschen Süden seine Pforten in der Marktstätte, bevor dann nach fast 80 Jahren zum letzten Mal »The End« über die Leinwand flimmerte. Mit dem »CineStar« im LAGO Shopping-Center übernahmen 2004 die imperialen Sturmtruppen des Multiplex-Kinos in der Bodensee-Galaxis die Macht und wären das einzig verbliebene Lichtspielhaus in Town, wenn nicht ein tapferes Zebra an seiner Seite den Eindringlingen Netflix und Amazon Widerstand leisten würde.

Gegründet von Konstanzer Studenten im Jahr 1984, hat sich das alternative Zebra-Kino das Motto »Andere Filme anders zeigen« auf die Fahnen geschrieben. Heute sorgen zwei Festangestellte und viele Ehrenamtler dafür, dass man auch in Konstanz noch Filme »abseits des Mainstreams« in Kinosesseln genießen kann. In wöchentlichen Sitzungen stimmen sie darüber ab, was die maximal 99 Zuschauer auf den selbst gebauten Tribünen in der Chérisy-Kaserne zu sehen bekommen.

Neben dem normalen Betrieb richten sie auch noch einmal im Jahr die Festivals »Queergestreift«, »kurz.film.spiele« und »Shivers« aus. Ein Schmankerl für alle echten Cineasten ist das Angebot, neben digitalen auch analoge Filme genießen zu können. Wer sich mit Theaterleiter Christoph Sinz unterhält, erfährt unter anderem, dass es sogar heute noch Regisseure wie den Finnen Aki Kaurismäki gibt, die Filme extra für das alte Format drehen. Da Dreh und Vorführung solcher Schätze aber recht aufwendig sind, hat man meist nur ein- oder zweimal im Jahr das Vergnügen.

In der Hoffnung, die Coronazeit gut zu überstehen, wurde für die Zeit danach schon mal eine neue Lüftung eingebaut. Wir hoffen mit.

Adresse Joseph-Belli-Weg 5, 78467 Konstanz | **ÖPNV** Bus 2, 3, 12, Haltestelle Fürstenberg | **Öffnungszeiten** Programm unter www.zebra-kino.de | **Tipp** Wer auf Streifen wie »Easy Rider« steht, wird sich im »Kolbenfresser« in der Fürstenbergstraße 127 wohlfühlen. Biker sind willkommen, und es gibt einen skurril gestalteten Biergarten (So–Do 16–1 Uhr, Fr, Sa 16–3 Uhr).

111 »Zum englischen Gruß«

Erlebnisgastronomie im Wandel

Eine gute Lage ist für einen Gasthof oder eine Herberge ein entscheidender Vorteil. Insofern haben die Erbauer beim Haus »Zum englischen Gruß« um 1700 einiges richtig gemacht. Damals lag es direkt am »Schwabenweg« genannten Abschnitt des Jakobswegs und bot Pilgern eine Unterkunft, dazu befand es sich direkt an der Nord-Süd-Verbindung Konstanz–Innenschweiz und der Ost-West-Verbindung Bündner Pässe–Schaffhausen. Der Nutzung durch religiös motivierte Reisende ist der Name geschuldet, der mit England nichts zu tun hat, sondern sich von »Engel« ableitet. Er geht zurück auf den Gruß des Erzengels Gabriel an Maria, »Ave Maria«, als er ihr verkündete, dass sie den Sohn Gottes gebären werde. Bis 1930 gab es auch ein entsprechendes Wandbild.

Mitte des 19. Jahrhunderts, einhergehend mit wirtschaftlichem und sozialem Wandel, änderte sich die Klientel. Mehr und mehr Reisende in Sachen Handel und Tourismus stiegen hier ab, und so wurde aus der Pilgerherberge 1854 der Gasthof mit Pension »Adler«.

Ein erneuter krasser Wandel fand 1993 statt. Die Fassade wurde in drei diagonalen Linien lilarosa gestrichen, und die »Villa Wahnsinn«, die erste Erlebnis-Disco der Schweiz, zog ein. Von der Decke hingen Nachttöpfe, Gugelhupfformen und ausgestopfte Rebhühner. Ein Altar wurde zur Bar, und Getränke gab es aus zwei Zinkwannen, in die alle zehn Minuten Eiswürfel prasselten. Sehr zum Leidwesen der Nachbarn ein großer Erfolg, der Laden war immer gerammelt voll und wurde dementsprechend nach gut einem Jahr wieder geschlossen.

Es folgte eine unsichere Zeit, der drohende Abriss konnte erst durch eine Zusammenarbeit engagierter Bürger, eines Quartiervereins und eines privaten Investors abgewendet werden. Bei den 2006 abgeschlossenen Renovierungsarbeiten kamen dann einige bauliche Schätze zutage: 200-jährige Fenster, ein weitgehend intakter Dachstuhl und drei prachtvolle Rokoko-Stuckdecken.

Adresse Bernrainstraße 1, CH-8280 Kreuzlingen | ÖPNV Bus 923, Haltestelle Rebstockplatz | Öffnungszeiten von außen immer zu besichtigen | Tipp Mehr Club-Atmosphäre gibt es im »Horst Club«, der unter dem Motto *»The Klub is our church and wild ass rock'n'roll is our religion!«* steht (Kirchstraße 1).

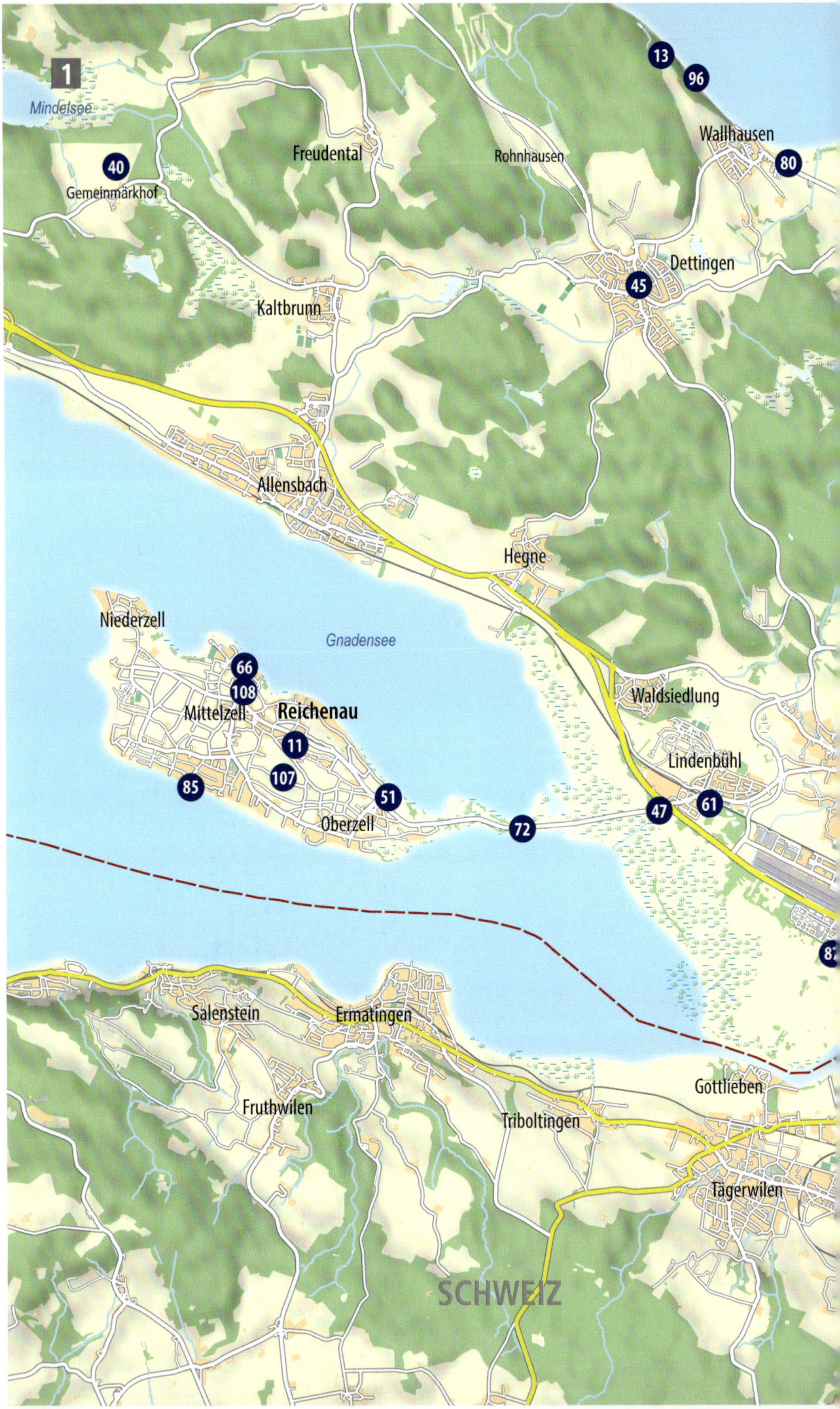
1
Mindelsee
13
96
Wallhausen
80
40
Freudental
Rohnhausen
Gemeinmärkhof
Dettingen
45
Kaltbrunn
Allensbach
Hegne
Niederzell
Gnadensee
66
108
Waldsiedlung
Mittelzell
Reichenau
11
Lindenbühl
107
85
51
47
61
Oberzell
72
Salenstein
Ermatingen
Gottlieben
Fruthwilen
Triboltingen
Tägerwilen
SCHWEIZ